Ulrike Zimmerer
Christiane Lohmann

Schalom!

Das Judentum in der Grundschule

Kindgerechte Unterrichtsmaterialien
für die Klassen 3/4

Auer

5. Auflage 2022

Autor*innen: Ulrike Zimmerer, Christiane Lohmann
Illustrationen: Marion El-Khalafawi
Satz: Fotosatz H. Buck, Kumhausen
Druck und Bindung: Franz X. Stückle Druck und Verlag e.K., Ettenheim
ISBN 978-3-403-**06333**-9

www.auer-verlag.de

Inhalt

Vorwort und Einleitung

Bei der Planung des Themas haben uns **vier Fragen** beschäftigt:

- Wie können wir die Neugierde der Kinder für andere Glaubensvorstellungen wecken?
- Wie kann das Thema möglichst anschaulich vermittelt werden?
- Wie können wir das Wesentliche des jüdischen Glaubens erkennbar und begreiflich machen?
- Wie können wir vermitteln, dass das Judentum Basis unseres christlichen Glaubens ist?

Aus diesen Überlegungen heraus haben wir die vorliegende Einheit entwickelt. Sie ist auf acht Doppelstunden ausgerichtet, wobei die ersten beiden Doppelstunden der **Einführung ins Thema** dienen und die letzte Doppelstunde für den **Abschluss** angelegt ist.
In die Lernsequenz haben wir zusätzlich verschiedene **Bausteine** integriert, an denen die Schüler mit allen Sinnen lernen und die sich gut zur Einführung oder zum Abschluss der einzelnen Unterrichtsstunden eignen.
Die Stunden, in denen die Schüler eigenständig an den **Stationen** arbeiten, sollten grundsätzlich im Plenum beginnen. Sie werden vom Lehrer genutzt, um einzelne Schwerpunkte des jüdischen Glaubens anschaulich und sinnorientiert zu vertiefen. Schüler, die sich bereits mit der entsprechenden Station beschäftigt haben, erhalten hier die Gelegenheit, ihr Wissen einzubringen.
So kann man beispielsweise zum Beginn der Stunde die Geschichte vom Auszug aus Ägypten in kurzen Worten nacherzählen und dabei immer wieder unterbrechen, um die Speise des Sedertellers zu probieren, die mit dem jeweiligen Abschnitt der Geschichte zu tun hat. Man könnte auch mit einem Lied einsteigen und anschließend die Speisen des Sedertellers und ihre Bedeutung ansprechen. Manche Kinder wissen vielleicht schon durch die Bearbeitung der Station Bescheid und können dies ins Unterrichtsgespräch einbringen. Danach gehen die Kinder an die Stationenarbeit. Für einen gemeinsamen Abschluss jeder Stunde bietet sich ein Lied oder ein Tanz an. Material und Ideen für die Einführung in jede Stunde sowie für den Abschluss finden Sie im **Materialanhang**.

Für die Stationenarbeit erschien uns als **Identifikationsfigur** Ben, ein jüdischer Junge, geeignet, die Aufmerksamkeit und Neugierde der Schüler zu wecken. Die Schüler lernen ihn bereits in der Einführungsstunde kennen und werden von ihm als Experten durch die Stationen begleitet. Zu den wichtigsten Elementen des jüdischen Glaubens erzählt er Wissenswertes aus seinem Leben. Unterstützt werden diese Informationen durch **Bilder**, die das Gelesene anschaulich machen.
Die Lernstraße besteht zunächst aus fünf Stationen, die sich auf die wesentlichen Elemente des jüdischen Glaubens beziehen: Der Glaube an den einen Gott, die Thora, die Synagoge, das Pessach-Fest und ergänzend der Sabbat. An einer sechsten Station können die Kinder eine Informationskarte selbst entwerfen und gestalten.
Jede Station folgt dem gleichen **Aufbau**: Die Kinder lesen entsprechend dem Arbeitsauftrag die Stationenkarte, auf der Ben ihnen jeweils von einem Element seines Glaubens erzählt. Die Kinder müssen diese Karte lesen, um danach die zur Station gehörenden Aufgaben lösen zu können. Bei den Aufgaben stehen den Kindern teilweise Aufgaben zur Auswahl, teilweise auch freiwillige Zusatzaufgaben zur Verfügung.
An einer sechsten Station können die Kinder selbst aus bereitgelegten Büchern und Materialien Informationen sammeln und diese als Rätsel, Brief oder in einer anderen selbst gewählten Form den Mitschülern präsentieren. Falls ein PC mit Internetanschluss zur Verfügung steht, finden Sie auf Seite 76 Hinweise auf Internetseiten, die sich für die Recherche der Kinder eignen. Selbstverständlich ist jede Station so gestaltet, dass die Kinder sich die Inhalte selbst-

ständig erarbeiten können. Eigenständiges Arbeiten wird auch durch das anschließende Vergleichen der eigenen Arbeit mit Hilfe von Lösungsblättern unterstützt.
Das vorliegende Material eignet sich auch für einen Unterricht ohne Stationen. In diesem Fall werden die Briefe von Ben mit den entsprechenden Bausteinen kombiniert und zu einer thematischen Stunde arrangiert. Für den Einsatz in Klasse 5 und 6 ist das Material erfahrungsgemäß auch vom Umfang her ebenfalls gut geeignet.

Es empfiehlt sich, die Briefe von Ben zu laminieren, damit die Schüler die Möglichkeit haben, mit Folienstift wichtige Teile zu unterstreichen und anschließend wieder abzuwischen. Dies unterstützt und fördert die Lesekompetenz.
Die Stationen haben wir auf verschiedenfarbiges Papier kopiert. Das bietet den Schülern eine gute Übersicht und ermöglicht es ihnen, das Material schneller zurückzulegen und wegzuräumen.
Wir haben die Arbeitsblätter jedes Kindes zu einem Buch zusammengefasst. Das farbige Deckblatt wurde mit der selbst gebastelten Thorarolle aus Station 2 beklebt und von den Kindern handschriftlich mit dem Titel *Schalom! Das Judentum* versehen. Hier fanden auch zusätzliche Informationen, die die Kinder selbst herausgefunden und aufgeschrieben oder gemalt hatten, ihren Platz.
Ein Film (Vorschläge: s. S. 76) oder ein Memoryspiel (s. S. 71/72) rundet die gesamte Einheit ab und dient gleichzeitig der Wiederholung.

Einführung in das Thema

Das Judentum ist eine der drei großen monotheistischen Weltreligionen und zugleich auch die älteste. Im Judentum wurzeln sowohl das Christentum als auch der Islam.
Das Judentum ist aber noch mehr als eine Religion: Es ist zugleich eine eigene Kultur und Philosophie und es beschreibt die Zugehörigkeit zu einem Volk, das sich selbst als „Volk Israel" bezeichnet.

Es gibt viele unterschiedliche Strömungen und Ausformungen des Judentums. Allen gemeinsam ist ihre Geschichte, in deren Anfängen Gott dem Stammvater Abraham ein großes Volk, Land und seinen Segen verheißt. Zu den wichtigsten Ereignissen der jüdischen Frühgeschichte zählen der Auszug des Volkes Israel aus Ägypten unter der Führung Mose sowie der Bundesschluss zwischen Gott und seinem auserwählten Volk. Gott offenbart sich seinem Volk in den Weisungen der Thora. Diese Erfahrungen bilden die Grundpfeiler des jüdischen Glaubens und sind Grundlagen für jüdischen Unterricht und Gottesdienst. Zahlreiche Ge- und Verbote bestimmen den jüdischen Alltag. Diese Weisungen sollen nicht einengen, sondern Lebenshilfe sein. Das Sch'ma Israel – Höre Israel! – ist das wichtigste Gebet im Judentum, mit dem sich gläubige Juden jeden Morgen und jeden Abend zu Gott als dem einzigen Gott und zu ihrer Liebe zu diesem Gott bekennen. Dieses Gebet ist auch das erste Gebet, das ein jüdisches Kind lernt. Es rahmt das jüdische Alltags- und Glaubensleben ein. Glauben und Leben bilden eine Einheit. Ein religiöser Jude wird das Leben aus Liebe zu Gott entsprechend der Weisung gestalten.

Glaube und Liturgie werden in erster Linie innerhalb der Familie bei vielen Festen, allen voran in der wöchentlichen Sabbatfeier mit dem Sabbatmahl, weitergegeben. Auch das bekannteste jüdische Fest, das Pessachfest, beginnt mit einer liturgischen Feier im familiären Rahmen, dem Seder-Abend. Es erinnert an die Befreiung des Volkes Israel aus der Sklaverei in Ägypten. Ein weiterer wichtiger Ort für das Glaubensleben ist die Synagoge. Die Gottesdienste in der Synagoge sind reine Wortgottesdienste, die stattfinden können, wenn mindestens zehn erwachsene Männer (in modernen Gemeinden auch Frauen) anwesend sind. Der Rabbiner hat keine liturgische Funktion, sondern ist eher Lehrer und Seelsorger der Gemeinde. Jeder Jude ist zum Lesen der Texte und Gebete befähigt.

Dem jüdischen Glauben gehören weltweit etwa 14,5 Millionen Menschen an. Die meisten davon leben in den USA und in Israel. Entsprechend dem Talmud ist derjenige Jude, der eine jüdische Mutter hat oder der zum Judentum übergetreten ist. In Deutschland waren vor der Zeit des Nationalsozialismus die jüdischen Bürger mitbestimmend im politischen, kulturellen, gesellschaftlichen und wirtschaftlichen Leben des Landes. Erst zaghaft bildeten sich nach 1990 wieder neue jüdische Gemeinden mit vorwiegend aus dem Osten Europas stammenden Zuwanderern. Jüdisches Leben in Deutschland wird heute wieder vielfältiger. So pflegen die Gemeinden nicht nur jüdische Kultur und religiöses Brauchtum, sie leisten auch Hilfestellung bei der Arbeitssuche und der Bildung ihrer Mitglieder und tragen so zur Integration und zum Dialog bei. Es ist ein Hoffnungszeichen, dass trotz der Schrecken des Nationalsozialismus Deutschland heute das Land ist, dessen jüdische Bevölkerung am schnellsten wächst (www.hagalil.com/europa/deutsch.htm am 16.4.2009).

Der schulische Religionsunterricht kann und muss hier seinen Beitrag zum Dialog und zur Verständigung zwischen den Religionen und Kulturen leisten. Die Deutsche Bischofskonferenz formuliert dies folgendermaßen:

„Zum religiösen Grundwissen im schulischen Religionsunterricht gehören sodann die Kerninhalte anderer Religionen, insbesondere des Judentums und des Islam, und Kenntnisse ihrer religiösen Praxis. [...] Der Religionsunterricht führt und fördert das Gespräch und die Verständigung über die Grenzen der eigenen Konfessionszugehörigkeit hinaus. Auf diese Weise hat er Anteil an der schulischen Aufgabe, den Umgang mit Differenzen so zu erlernen und einzuüben, dass der eigene Standpunkt und der Respekt vor dem anderen zugleich ermöglicht werden. Der RU trägt damit entscheidend zur Entwicklung einer gesprächsfähigen Identität bei. Er fördert die Entwicklung einer starken Gestalt von Toleranz, die nicht aus der Vergleichgültigung von Wahrheitsansprüchen resultiert, sondern den anderen mit seinen Überzeugungen ernst nimmt. Gesprächsfähigkeit und Toleranz sind unverzichtbare Voraussetzungen für das Zusammenleben und die Verständigung mit Menschen unterschiedlicher religiöser oder säkularer Überzeugungen und Lebensstile."*

* Die deutschen Bischöfe, Der Religionsunterricht vor neuen Herausforderungen, 16. Februar 2005, S. 20 und S. 29 f.

Grundlagen und Einsatz der Materialien

1. Unterrichtsprinzipien/Kompetenzen

- **Arbeitsblätter zur Auswahl** und das **Angebot von zusätzlichen Aufgaben** fördern die Motivation.
- **Partnerarbeit** ermöglicht Kommunikation und dient der Sozialkompetenz.
- **Lesetexte** fördern die Lesekompetenz und das Leseverständnis.
- **Übersichtlichkeit und Klarheit der Stationen** fördern Selbstständigkeit und Wahlfreiheit.
- **Differenzierte Angebote** werden leistungsstarken und leistungsschwachen Kindern gerecht.
- Die **Einbeziehung vieler Sinne** ermöglicht ganzheitliches Lernen auf verschiedenen Ebenen.
- **Lösungsblätter** bieten die Möglichkeit der eigenständigen Kontrolle und Ergebnissicherung.

2. Zwei Einführungsstunden ins Thema

1. Stunde: „Glaubenswege"

Benötigt werden folgende Materialien:
Braune Tücher, Bild- und Wortkarten (S. 51–55), Kerze, Legematerial wie z. B. Muggelsteine oder Filzplättchen bzw. Namensschild für jedes Kind, leere Blätter für Gruppenarbeit, Arbeitsblatt (S. 56), Kippa, Bild von Ben (S. 64), Lesetext (S. 59–61) oder Hörbeispiel von „Ben stellt sich vor" (als kostenloser Download unter https://www.auer-verlag.de/media/ntx/auer/soundfiles/06333_Hoerprobe.mp3)

I Gemeinsamer Beginn im Stuhlkreis

Begrüßung

II Der Weg des Volkes Israel

L legt aus braunen Tüchern einen Weg.
L: *Da ist etwas entstanden.*
→ Die S assoziieren und erzählen zum Bodenbild.

Impuls:
Ein Weg – wo beginnt er und wo endet er?
Ein Weg – was mag auf ihm geschehen sein und wird sich noch ereignen?
Ein Weg – welche Menschen sind darauf unterwegs und mit wem gehen sie?

L legt Bilder von Abraham, Jakob, Mose, den 10 Geboten neben den Weg und die S bringen die Bilder in die richtige Reihenfolge.

Hinweis:
Hier können die biblischen Erzählungen kurz wiederholt werden.

L zündet eine Kerze als Zeichen für Gott an und stellt sie auf den Weg.
Impuls: *Die Kerze auf dem Weg hat eine Bedeutung.*
L legt Wortkarten „Jahwe", „יהוה" und „Ich bin der Ich-bin-da" (S. 55).
L: *Gott begleitet Abraham und seine Nachkommen. Er begleitet nicht nur die einzelnen Personen, sondern er begleitet mit Mose zusammen das ganze Volk Israel.*

L legt Wortkarte „Volk Israel".

L: *Der Weg des Volkes Israel ist noch nicht zu Ende. Als die Israeliten im gelobten Land sesshaft geworden waren, erwählte Gott unter ihnen einen großen König.*

L legt Bildkarte von König David (s. S. 52).

L: *Viele Könige folgten nach David, fremde Herrscher kamen ins Land, aber die Propheten machten den Menschen Hoffnung: Sie sprachen von einem Retter, den Gott schicken würde. Sie sprachen von einem neuen David, der aller Not ein Ende bereiten würde.*

III Der christliche Glaube

L legt weiteres braunes Tuch abzweigend und stellt ein Bild von Jesus oder eine Kerze, die an der großen Kerze angezündet wird, auf den Abzweig.

L: *Viele Menschen glaubten, dass Jesus der Messias, der Sohn Gottes, ist.*
Sie glaubten es auch nach seinem Tod am Kreuz.
Sie nennen sich nun nicht mehr Volk Israel. Sie werden anders genannt.
→ S vermuten und begründen.
L legt Wortkarte „Christen" auf das braune Tuch.
L: *Zweitausend Jahre lang gehen Christen nun schon auf diesem Weg.*
Könnt ihr einige Christen nennen?

Die S legen für sich selbst ein Zeichen (Muggelstein, Filzplättchen) oder Namensschild auf das braune Tuch zur Jesuskerze.

L: *Überlegt in Gruppen, was alles zu unserem christlichen Glauben dazugehört.*
Es erfolgt ein Austausch in der Großgruppe.

IV Sicherung

Das Arbeitsblatt „Glaubenswege" (s. S. 56) auf ein DIN-A3-Blatt kopieren. Die Schüler schreiben in den Weg *Abraham, Jakob, Mose, 10 Gebote, David, Jesus* und schreiben um das Wort „Christen" herum, was alles zum Christentum dazugehört.

V Abschluss

Gemeinsames zusammenfassendes Gebet, z. B.
Guter Gott, wir gehen jeden Tag viele Wege. Manche gehen wir gerne, manche sind uns beschwerlich. Aber wir sind nicht allein. So wie du deinem Volk immer nahe warst, so führst und begleitest du auch uns mit deinem Segen. Amen.
oder Psalm 25,4:
Zeige mir, Herr, deine Wege, lehre mich deine Pfade! Führe mich in deiner Treue und leite mich, denn du bist der Gott meines Heiles. Auf dich hoffe ich allezeit.

2. Stunde: Der jüdische Glaube

I Gemeinsamer Beginn im Stuhlkreis

Das Bodenbild der letzten Stunde bildet die Mitte.
Begrüßung und gemeinsames Gebet, z. B. das Abschlussgebet aus der letzten Stunde
Wiederholung

II Der jüdische Glaube

L legt ein braunes Tuch als zweite Abzweigung.
→ Die S vermuten und erklären aus ihrer Sicht.

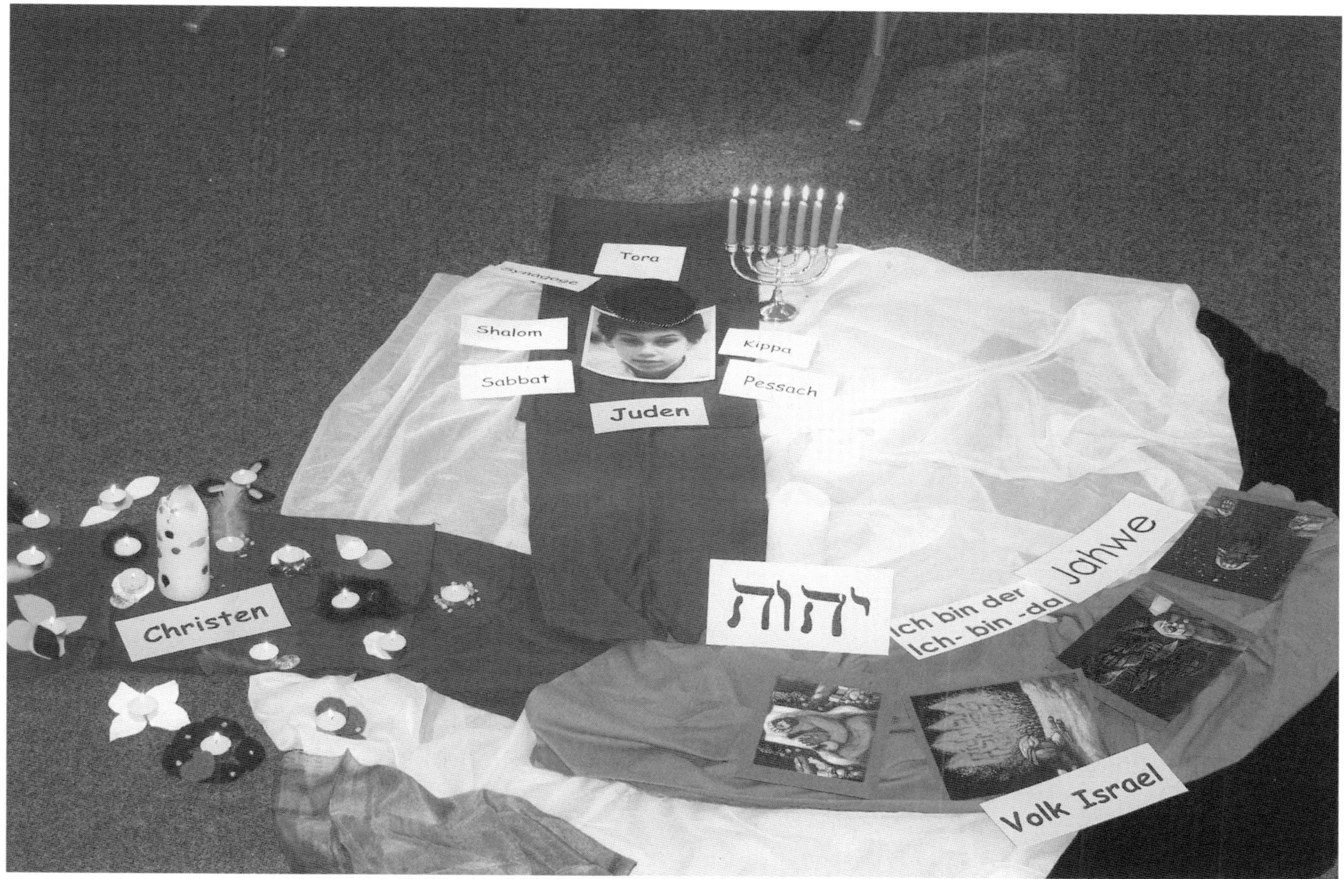

L legt Bild von Ben (s. S. 64) und eine Kippa auf die zweite Abzweigung.
→ Die S stellen Fragen und/oder können schon Wissen einbringen.

Lesetext: Ben stellt sich vor (s. S. 59, auch als Hörbeispiel)/Mein Freund Ben (s. S. 60/61)

L: *Nun habt ihr ja einiges über diesen Jungen erfahren.*
Ben hat auch Hinweise gegeben, aus denen wir seine Religion erraten können.
L legt Wortkarte „Juden“ auf die zweite Abzweigung.

L: *Sicher habt ihr viele Fragen zu seinem Glauben an diesen Jungen.*
Sammelt in eurer Gruppe alle Fragen, die ihr habt.
→ Gruppenarbeit: Die S schreiben die Fragen auf Zettel, die dann auf ein Plakat geklebt werden. Die Mitte des Plakates bildet das Bild von Ben.

Hinweis:
Hier kann sich ein Besuch bei einer jüdischen Gemeinde anschließen. Dazu notieren die Schüler je zwei Fragen auf einem Blatt Papier, die sie zur jüdischen Gemeinde mitnehmen. Falls ein Besuch nicht möglich ist, werden diese Fragen bis zum Abschluss der Einheit aufbewahrt und im abschließenden Unterrichtsgespräch beantwortet.

III Sicherung

Die Schüler ergänzen das Arbeitsblatt „Glaubenswege“ – auch schon mit Begriffen zum jüdischen Glauben (Kippa, Synagoge u. Ä.).

IV Abschluss

Der Abschluss der Stunde könnte die Einführung eines jüdischen Tanzes oder eines der jüdischen Lieder aus dem Materialanhang sein.

3. Die Stationen im Überblick

Jede Station wird durch ein Piktogramm gekennzeichnet, das sich auf allen zu diesem Kapitel gehörigen Blättern in der Kopfzeile wiederfindet.

Station 1: Ben erzählt von seinem Glauben

- Stationenkarte mit Arbeitsaufträgen
- Lesetext: Ben erzählt von seinem Glauben
- Arbeitsblatt 1a: Der jüdische Glaube
- Arbeitsblatt 1b: Der jüdische Glaube (alternativ für S, die nicht gern basteln)
- pro Kind 6 Papierstreifen (1 cm x 17 cm), je 3 Streifen in einer Farbe
- Vorlage selbst erstellen und zum Abschauen bereithalten
- Arbeitsblatt 1c: Der brennende Dornbusch (freiwillig)

Station 2: Ben erzählt von der Thora

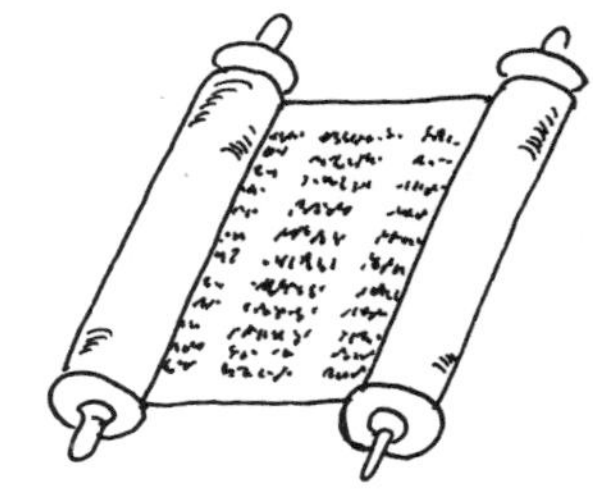

- Stationenkarte mit Arbeitsaufträgen
- Lesetext: Ben erzählt von der Thora
- Arbeitsblatt 2a: Die Thora
- Arbeitsblatt 2b: Bastelanleitung für eine Thorarolle
- Arbeitsblatt 2c: Wortsuchrätsel zur Thora (freiwillig)
- bereits gebastelte Thora zur Anschauung
- Papierstreifen (DIN A4 längs halbiert)
- 2 Schaschlikspieße pro Kind
- 4 Perlen pro Kind
- Kleber, Goldfaden
- 2–3 Bibeln (Einheitsübersetzung) für die Hand der Kinder, die den Satz in der Bibel nachschlagen wollen

Station 3: Ben erzählt von der Synagoge

- Stationenkarte mit Arbeitsaufträgen
- Lesetext: Ben erzählt von der Synagoge
- Arbeitsblatt 3a: Die Synagoge
- Arbeitsblatt 3b: Bastelanleitung für eine Synagoge
- Scheren, Kleber

Station 4: Ben erzählt vom Pessach-Fest

- Stationenkarte mit Arbeitsaufträgen
- Lesetext: Ben erzählt vom Pessach-Fest
- Arbeitsblatt 4a: Der Seder-Teller (zur Auswahl)
- Arbeitsblatt 4b/1 und 4b/2: Symbolische Speisen 1 und 2 (zur Auswahl)
- Arbeitsblatt 4c: Der Auszug aus Ägypten
- Matzen (für jeden, der die Station fertiggestellt hat); gibt es in vielen großen Lebensmittelmärkten und in verschiedenen Internet-Shops (z. B. www.doronia.de) zu kaufen

Station 5: Ben erzählt vom Sabbat

- Stationenkarte mit Arbeitsaufträgen
- Lesetext: Ben erzählt vom Sabbat
- Arbeitsblatt 5a und 5b: Sabbat 1 und 2
- Arbeitsblatt 5c: Christen feiern den Sonntag (freiwillig)
- Lexikonkarten (auf buntes Papier kopiert, zerschnitten und foliert)

Station 6: Gestaltung einer Informationskarte

- Stationenkarte mit Arbeitsauftrag
- Arbeitsblatt 6a: Infokarte
- Bücher, die sich mit dem jüdischen Glauben befassen
- Lexika
- evtl. diverse Bilder zum Thema
- evtl. Angaben zu Internetseiten, siehe S. 76

Im Anschluss an die Stationen befinden sich die **Lösungen** zu den Arbeitsblättern.

Station 1

Ben erzählt von seinem Glauben

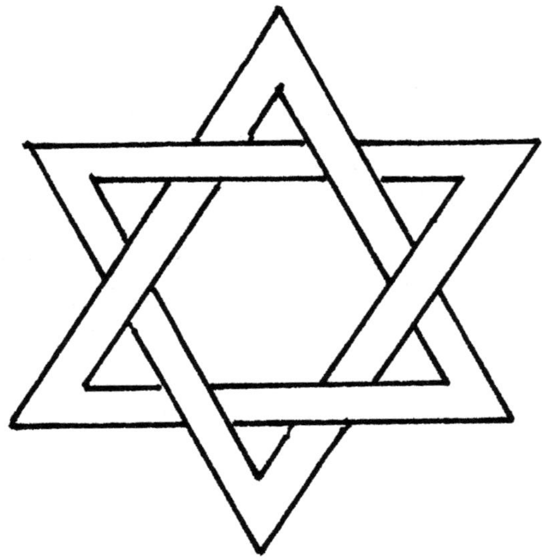

Aufgaben:

- Lies genau durch, was Ben von seinem Glauben erzählt.
- Klebe aus 6 farbigen Papierstreifen (je 3 in einer Farbe) nach der Vorlage einen Stern auf das Arbeitsblatt 1a.
- Schreibe in den Stern das jüdische „Glaubensbekenntnis" hinein.
- Fülle die Lücken auf dem Arbeitsblatt 1a richtig aus.

  oder:
- Bearbeite Arbeitsblatt 1b, falls du nicht so gern bastelst!

Lesetext: Ben erzählt von seinem Glauben

1

Ben erzählt von seinem Glauben

Was glaubst du als Christ?
Wenn ich dir diese Frage stellen würde, was würdest du mir darauf antworten?

Es ist nicht leicht, das Wichtigste vom eigenen Glauben in ein paar Sätzen zu erklären. Ich will es versuchen:
Von klein auf habe ich jeden Tag von Gott gehört. Ich **höre** bei jedem Fest von dem, was er für unser Volk getan hat. Viele der Geschichten kennst du auch. Sie handeln von Abraham, Isaak, Jakob, Mose, König David oder den Propheten. Bei unseren Gottesdiensten höre ich, was das für uns heute bedeutet. Für uns Juden ist Gott immer da, in unseren Gedanken und bei allem, was wir tun.

Darauf bin ich sehr stolz, denn unsere Religion ist schon sehr alt. Unser Volk, das Volk **Israel**, war das erste, das an nur einen einzigen, allmächtigen Gott geglaubt und diesen angebetet hat: **Jahwe**. Das heißt übersetzt „Ich bin der Ich-bin-da".
Damals glaubten alle anderen Völker an mehrere Götter.
Unser Gott führt und begleitet uns vom Anfang bis zum Ende.
Jahwe ist einzig, das bedeutet: Es gibt keinen anderen Gott außer Jahwe.
Daran denken wir jeden Tag!
Natürlich steht das alles auch in der Thora, unserer Heiligen Schrift.

Wenn du alle fett gedruckten Wörter hintereinander aufschreibst, kennst du den wichtigsten Satz aus der Thora – unser **„Glaubensbekenntnis"**!

Zu deiner Information:

Der Davidstern ist auch heute noch ein Zeichen für unseren Glauben.

Das eine Dreieck zeigt nach unten.
Das bedeutet: Alles Leben kommt von Gott.

Das andere Dreieck zeigt nach oben.
Das bedeutet: Der Mensch kehrt zu Gott zurück.

Wenn du den Satz in der Bibel nachlesen willst, schlage nach im Alten Testament im Buch Deuteronomium 6,4.

Arbeitsblatt: Der jüdische Glaube

1a

Ich bin stolz auf meinen Glauben. Unsere Religion ist schon sehr alt. Unser Volk war das erste, das an nur einen ______________, allmächtigen Gott geglaubt und diesen angebetet hat. Damals glaubten alle anderen Völker an ______________ Götter.

___________, unser Gott, führt und begleitet sein Volk vom Anfang bis zum Ende.

Das jüdische Glaubensbekenntnis steht in der Thora, unserer Heiligen Schrift.

____

______________!

____________________,

____________ ____________,

____

____

______________!

Dieser Satz bedeutet: ____

____

Arbeitsblatt: Der jüdische Glaube

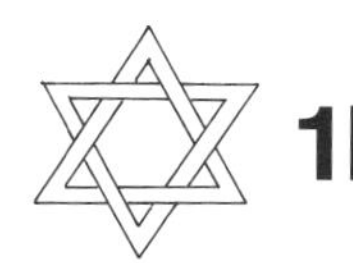

1b

Dies ist die Mesusa, die am Türrahmen in der Wohnung von Bens Familie befestigt ist.
Schreibe das ‚Glaubensbekenntnis' der Juden in die Mesusa hinein.
Male in den oberen Teil den Davidstern.

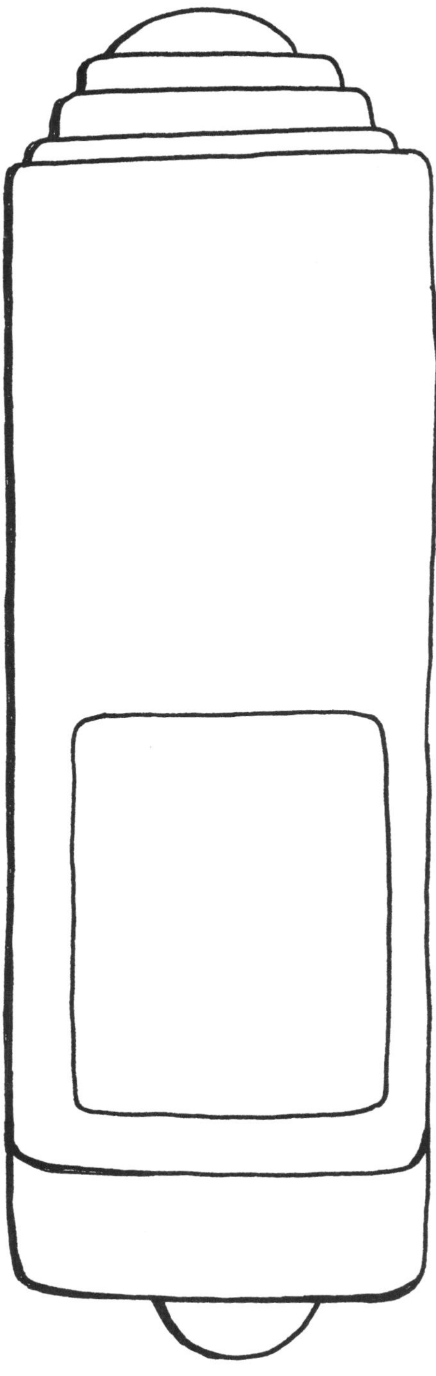

Jahwe ist einzig. Das bedeutet: ____________________________________

Arbeitsblatt: Der brennende Dornbusch

1c

Mose erfuhr am brennenden Dornbusch den Gottesnamen JAHWE.
Ben hat dir erzählt, was der hebräische Name auf Deutsch bedeutet.
Finde diese Wörter in den Blättern und male sie mit Feuerfarben aus.
Male dann die übrigen Blätter grün und den Busch braun.

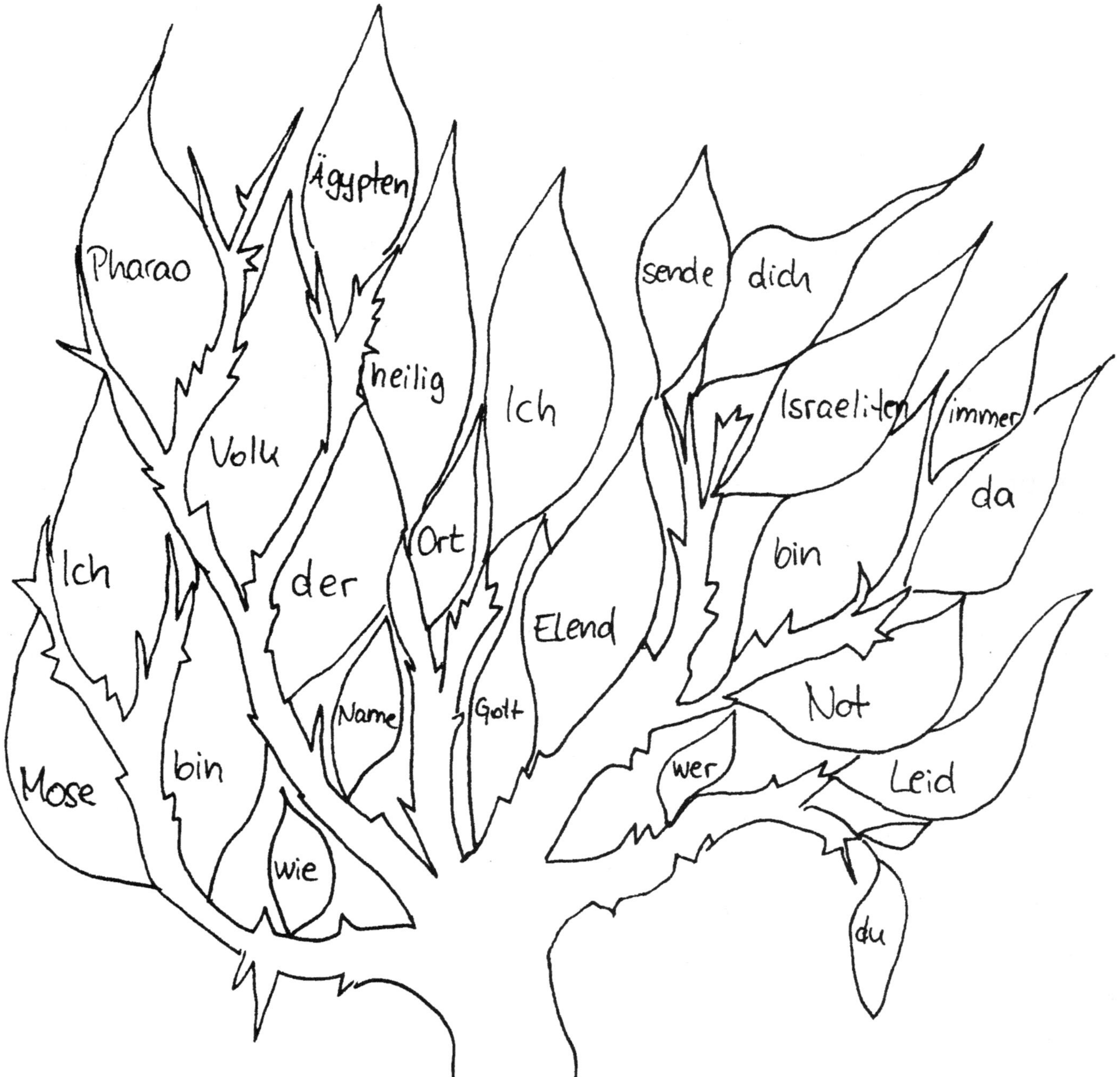

Station 2

Ben erzählt von der Thora

Aufgaben:

- Lies genau durch, was Ben von der Thora erzählt.
- Beantworte die Fragen auf dem Arbeitsblatt 2a.
- Bastle deine eigene Thorarolle nach der Vorlage 2b.
  Beschrifte sie mit dem Text, den Ben dir zum Entziffern gegeben hat.

Freiwillige Zusatzaufgabe:

- Suche alle Lösungswörter von Arbeitsblatt 2a im Wortsuchrätsel 2c und male sie farbig an. Es sind 13 Wörter.

Lesetext: Ben erzählt von der Thora 2

Kannst du **Hebräisch**?

Ich schon – zumindest lerne ich es bei uns im Religionsunterricht. Wer Hebräisch kann, kann die Thora lesen. Das ist unsere Heilige Schrift, so wie die Bibel für euch Christen die Heilige Schrift ist. Hebräisch ist nicht leicht zu lesen, denn die Schriftzeichen sind ziemlich ungewohnt und man liest sie von rechts oben nach links unten.

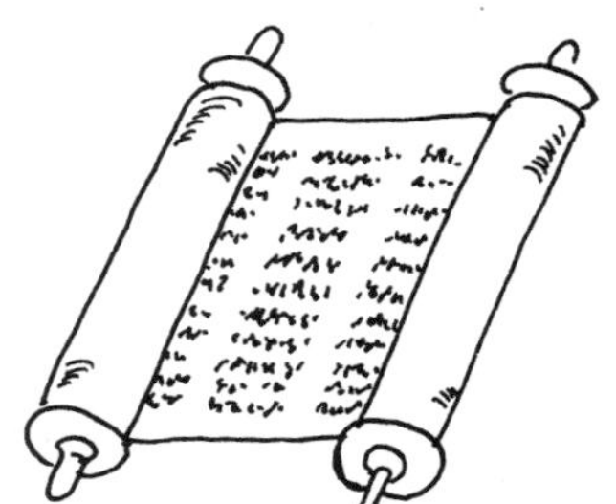

Bestimmt wunderst du dich, wenn ich dir sage, dass du die Texte unserer Thora auch kennst. Aber euer Jesus war ja Jude. Weil ihm die Thora wichtig war, hat er den Menschen davon erzählt. Deshalb wurde sie auch in eure Bibel aufgenommen. Es sind vor allem die ersten 5 Bücher in eurem **Alten Testament**. Darin wird erzählt, dass Gott der Schöpfer der Welt ist, es wird von **Abraham** erzählt, dem Gott unter dem Sternenhimmel viele Nachkommen versprach, von Noah, Isaak, Jakob und König David. Ganz wichtig sind die Geschichten von **Mose**, der das Volk Israel aus Ägypten befreit hat. Damit ihr Leben gut ist, gab Gott ihnen seine Gebote, seine Weisungen. Deshalb heißt Thora auch **„Weisung"**.

Die Thora wird als Schriftrollen im **Thoraschrein** unserer Synagoge aufbewahrt. Weil die Worte der Thora für unser Leben so wertvoll sind, wird die Thorarolle mit einem Tuch verhüllt. Beim Lesen verwenden wir auch einen Zeigestab, damit wir sie nicht mit dem Finger berühren.

Früher schrieb man auf ***Papyrus*** oder ***Pergament*** (Tierhaut), das dann zu einer Rolle zusammengerollt wurde. Noch heute schreibt man die Texte in hebräischer Schrift von Hand auf Pergament.

Versuche doch einmal, diesen Text zu entziffern:

Tipp: *Exodus 20,1–3*

NETPYGÄ SUA HCID RED, TTOG NIED, RREH RED NIB HCI!
RIM NEBEN TSLLOS UD. SUAHNEVALKS MED SUA,TAH TRHÜFEG
NEBAH RETTÖG NEREDNA ENIEK

Das heißt auf Hebräisch „Jahwe" (Ich bin der Ich-bin-da) → יהוה

Arbeitsblatt: Die Thora

2a

Die Texte der Thora sind handgeschrieben und auf eine Rolle gewickelt. Die Thora ist die wichtigste Schrift für die Juden.

So heißen die ersten 5 Bücher der Bibel, die von den Juden Thora genannt wird (Tipp: Schaue im Inhaltsverzeichnis der Bibel nach!):

G _ _ _ _ _ _

E _ _ _ _ _

L _ _ _ _ _ _ _ _

N _ _ _ _ _

D _ _ _ _ _ _ _ _ _ _ _ _

So heißt der erste große Teil unserer Bibel: _ _ _ _ _ _ _ _ _ _ _ _ _ _ _ _ _

So nennt man den Kasten, in dem die Thorarollen aufbewahrt werden: _ _ _ _ _ _ _ _ _ _ _ _ _

Darauf wurde früher geschrieben: _ _ _ _ _ _ _

oder

_ _ _ _ _ _ _ _ _

Diesem Mann versprach Gott unter dem Sternenhimmel viele Nachkommen: _ _ _ _ _ _ _

Dieser Mann befreite das Volk Israel aus Ägypten: _ _ _ _

In dieser Sprache ist die Thora geschrieben: _ _ _ _ _ _ _ _ _

So wird die Thora noch genannt: _ _ _ _ _ _ _

Bastelanleitung für eine Thorarolle

2b

1. Nimm dir einen Papierstreifen (ca. 10,5 cm x 30 cm). Lasse an den schmalen Seiten links und rechts je zwei Zentimeter Platz.

2. Beschrifte den Papierstreifen mit dem Text, den Ben dir zum Entziffern gegeben hat.

3. Klebe an die beiden schmalen Enden des Papierstreifens einen Schaschlikspieß und stecke auf beide Spieße eine Holzkugel.

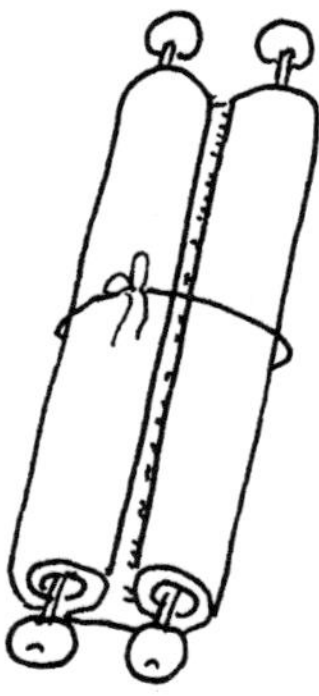

4. Rolle die beiden schmalen Seiten bis zur Mitte und wickele einen Goldfaden um deine gebastelte Thorarolle.

Arbeitsblatt: Wortsuchrätsel zur Thora

2c

Suche alle Lösungswörter von Arbeitsblatt 2a und male sie farbig an.
Es sind 13 Wörter.

A	B	R	A	H	A	M	V	P	A	P	Y	R	U	S	E
G	B	V	D	Z	K	P	O	D	S	R	B	V	C	X	L
U	X	L	B	B	Ö	P	U	Z	T	W	A	K	R	Z	O
C	D	E	U	T	E	R	O	N	O	M	I	U	M	K	K
W	Q	V	V	B	H	J	F	T	J	O	P	Z	R	E	I
W	G	I	B	C	Y	H	V	T	T	A	M	M	I	X	U
E	V	T	J	P	K	U	C	B	Y	K	L	O	T	O	E
W	D	I	V	E	F	G	E	N	E	S	I	S	Ü	D	D
E	O	K	G	R	N	M	N	U	B	V	C	E	X	U	A
I	D	U	Z	G	I	P	H	M	J	D	B	N	B	S	X
S	L	S	Ö	A	U	H	H	E	B	R	Ä	I	S	C	H
U	F	P	Q	M	X	D	G	R	F	G	V	N	O	G	R
N	M	K	G	E	D	C	J	I	T	D	H	M	O	M	G
G	N	E	O	N	B	N	I	O	E	H	C	M	E	Z	H
S	R	A	L	T	E	S	T	E	S	T	A	M	E	N	T
E	C	D	F	J	U	I	O	P	G	N	X	Y	M	E	J
O	Ü	L	T	H	O	R	A	S	C	H	R	E	I	N	K

Station 3

Ben erzählt von der Synagoge

Aufgaben:

- Lies genau durch, was Ben von der Synagoge erzählt.
- Bearbeite das Arbeitsblatt 3a.
- Nimm einen Bastelbogen (3b) und bastle eine Synagoge.
  Klebe sie auf ein leeres Blatt und schreibe eine Überschrift.

Freiwillige Zusatzaufgabe:

- Was hast du noch über die Synagoge erfahren?
  Hast du weitere Fragen?
  Notiere alles auf der Rückseite des Arbeitsblattes 3a.

Lesetext: Ben erzählt von der Synagoge

3

Die Synagoge ist unser Gemeindehaus. Hier treffen sich alle. Hier **betet** man und liest aus der Heiligen Schrift, der Thora, vor. Hier bekommen wir auch **Religionsunterricht**.

Kippa

Am Sabbat ist die Synagoge heller erleuchtet als an anderen Abenden. Die Männer und Jungen ab 13 Jahren kommen mit der Kippa, einem Käppchen, auf dem Kopf und mit dem Gebetsschal in die Synagoge. Den Schal legen sie um die Schultern, wenn sie beten und über den Kopf, wenn der Segen gesprochen wird.

Tallit (Gebetsschal)

Der Gottesdienst beginnt, wenn zehn Männer versammelt sind. Die Kerzen am siebenarmigen **Menora-Leuchter** werden angezündet. Für jeden Tag der Woche brennt ein Licht. Vorn hängt auch ein „**Ewiges Licht**“, das immer brennt. Es erinnert an die Feuersäule, die das Volk Israel auf ihrem Weg begleitet hat. Zu Beginn spricht der Vorsteher der Gemeinde das „Höre Israel“, unser „Glaubensbekenntnis“.

Dann breitet der Vorsteher die Arme aus und spricht den Segen:

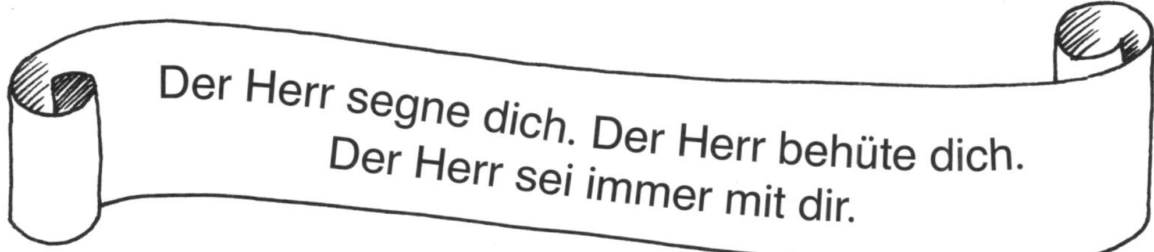

Nun kommt der feierlichste Moment: Der Vorsteher schiebt den **Thoravorhang** beiseite, der den Thoraschrein verdeckt. Dann nimmt er aus dem **Thoraschrein** die **Thorarolle** heraus, aus der heute gelesen werden soll. Die Rolle wird wie ein Schatz durch den Mittelgang der Synagoge getragen, damit alle Gottes Wort grüßen können.

Wenn die Rolle auf dem **Vorlesepult** liegt, steht einer aus der Gemeinde auf. Er tritt ans Lesepult und liest den Abschnitt für den Tag. In einem Jahr wird so die ganze Thora vorgelesen. Wir hören die Predigt des **Rabbiners** und beten miteinander.

Die Mädchen sind bei ihren Müttern auf der **Empore**. Frauen sind bei der Feier des Gottesdienstes still dabei.

Arbeitsblatt: Die Synagoge

3a

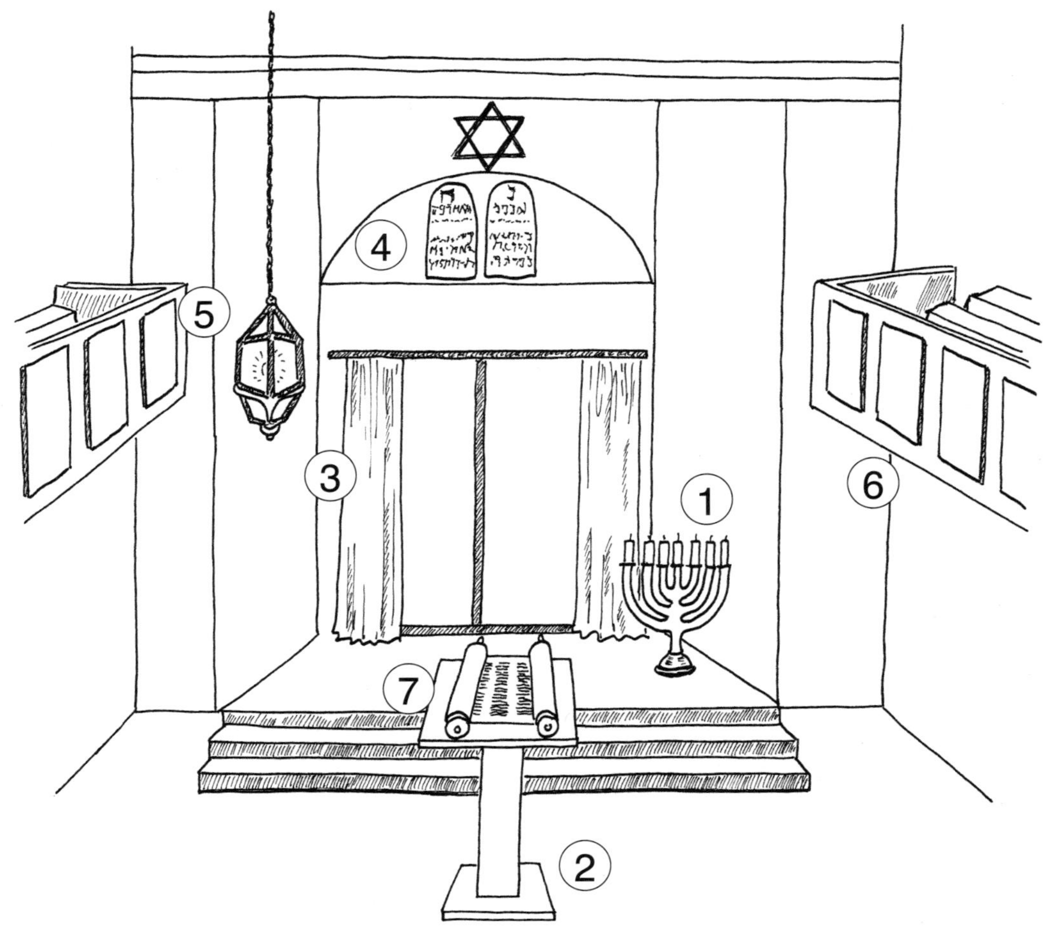

Wie heißen die Gegenstände, bei denen die Zahlen stehen?

① ______________________	⑤ ______________________
② ______________________	⑥ ______________________
③ ______________________	⑦ ______________________
④ ______________________	

Fülle die Lücken.

Die Synagoge ist unser Gemeindehaus. Hier treffen sich alle. Hier ________ ______________________ man und liest aus der Heiligen Schrift, der ________________ vor. Hier bekommen wir auch ______________________.

So nennt man denjenigen, der die Heilige Schrift erklärt.

Er ist auch der Lehrer: _ _ _ _ _ _ _ _

Bastelanleitung für eine Synagoge

3b

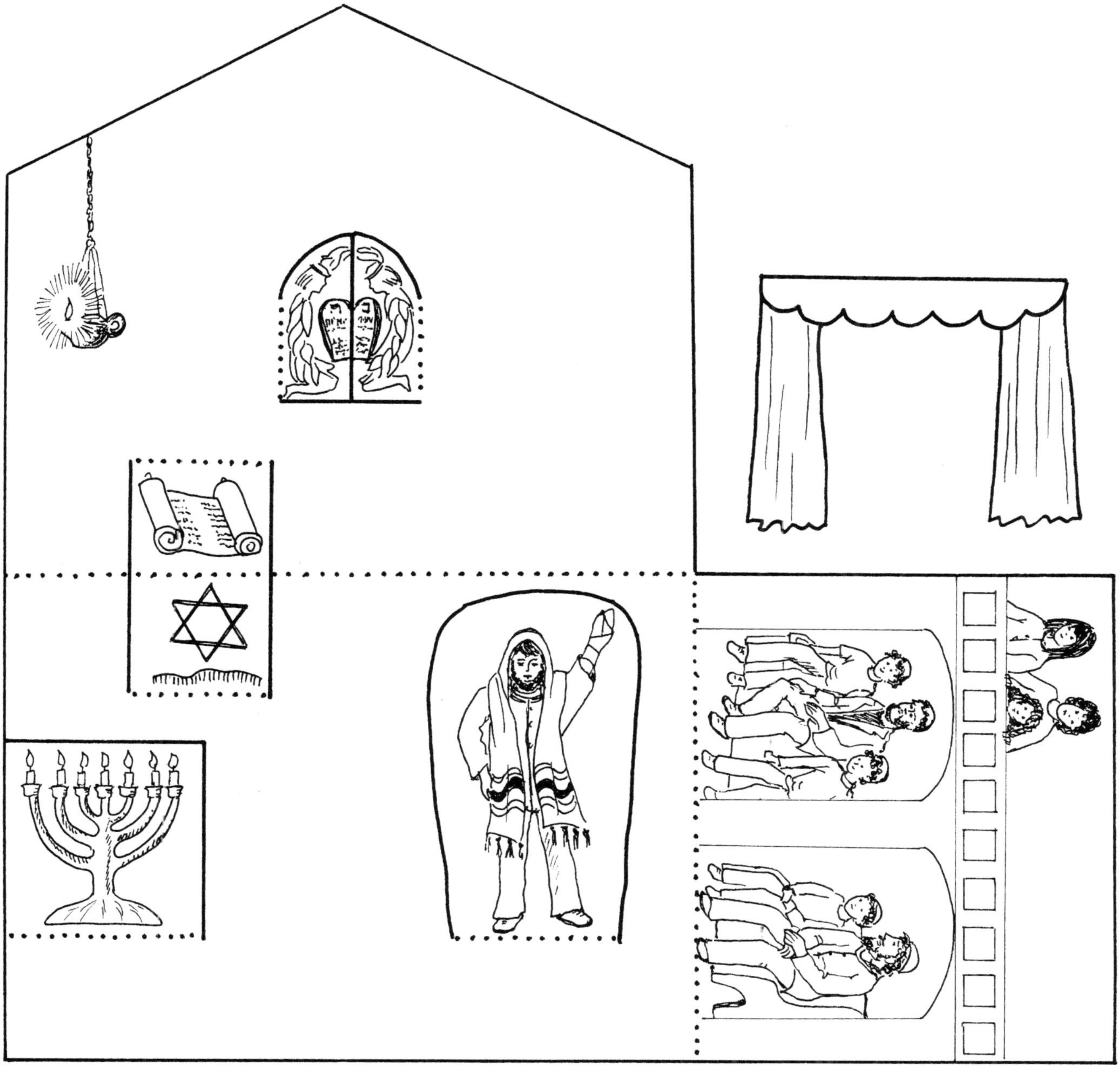

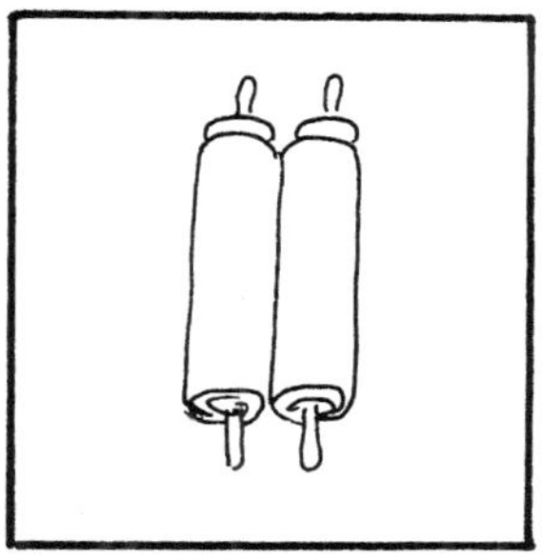

1. Male alles sorgfältig an.
2. Schneide die schwarzen Linien aus: ____________
3. Falte sorgfältig alle gepunkteten Linien: ....
4. Klebe dann, wenn alles aufrecht gefaltet ist, den Boden der Synagoge in dein Heft.
5. Schneide die Thorarollen aus und klebe sie hinter die geöffneten Türen des Thoraschrankes.
6. Schneide den Vorhang aus und klebe ihn über den Thoraschrank.

Station 4

Ben erzählt vom Pessach-Fest

Aufgaben:

- Lies genau durch, was Ben vom Pessach-Fest erzählt.
- Fülle Arbeitsblatt 4a richtig aus und beschrifte die Speisen des Seder-Tellers
  oder
  bearbeite die Arbeitsblätter 4b/1 und 4b/2.
- Bens Vater erinnert durch seine Erzählung an den Auszug aus Ägypten (Arbeitsblatt 4c). Erzähle diese Geschichte nach, indem du zu jedem Bild zwei Sätze schreibst.
  Verwende dazu die Rückseite vom Arbeitsblatt.

Lesetext: Ben erzählt vom Pessach-Fest

4

Der Auszug der Israeliten ist der Grund dafür, dass wir einmal im Jahr das **Pessach-Fest** feiern. Das ist, wenn ihr Christen Ostern feiert, und es dauert acht Tage.

Das Pessach-Fest beginnt mit dem **Seder-Abend**. Dann ziehen wir immer unsere schönsten Kleider an und decken den Tisch besonders festlich. Die ganze Familie sitzt um den Tisch mit vielen Speisen und Getränken. Manches davon gibt es nur bei dieser Feier. In der Mitte des Tisches steht der große Seder-Teller. Darauf liegen ein gebratener **Lammknochen**, **Matzen** (ungesäuertes Brot), **Chicorée**, **Petersilie**, ein **hart gekochtes Ei**, **Mus** aus geriebenen Äpfeln, Nüssen, Zimt und Zucker und in der Mitte des Tellers steht eine Schale mit **Salzwasser**. Zu Beginn werden die Kerzen angezündet und der Vater segnet Brot und Wein. Dann darf der Jüngste in der Familie vier wichtige Fragen stellen:

Warum ist diese Nacht anders als andere Nächte?
Warum essen wir in dieser Nacht ungesäuertes Brot?
Warum essen wir in dieser Nacht Bitterkräuter?
Warum tauchen wir in dieser Nacht unsere Kräuter in Salzwasser?

Nach diesen Fragen erzählt mein Vater die Geschichte vom Auszug aus Ägypten. Er erzählt sie so, dass ich immer das Gefühl habe, damals selbst dabeigewesen zu sein. Nach dem Essen sitzen wir noch fröhlich zusammen und singen Lieder.

Zu deiner Information:

Das **ungesäuerte Brot** (Matze, Plural Matzen) erinnert an den eiligen Auszug aus Ägypten. Es blieb keine Zeit, den Sauerteig für das Brot gehen zu lassen. **Chicorée ist ein Bitterkraut** und erinnert an das bittere Schicksal der Sklaverei.
Das Salzwasser erinnert an die Tränen der Israeliten.
Der Lammknochen erinnert an die Pessach-Lämmer, die früher im Tempel geopfert wurden.
Das Ei ist ein Symbol für das neue Leben nach der Sklaverei in Ägypten.
Der Wein ist ein Zeichen der Freude über die Befreiung.
Petersilie ist grünes Kraut und gilt als Dank für die Früchte der Erde.
Das braune Mus verweist auf den Lehm der Ziegelsteine.

Arbeitsblatt: Der Seder-Teller

Der gedeckte Tisch am Seder-Abend zu Beginn des Pessach-Festes
Beschrifte:

Alle Speisen auf dem Tisch haben eine besondere Bedeutung.
Kannst du Bens Fragen beantworten?

Diese Nacht ist anders, weil ______________________________

____

____

____

Das **ungesäuerte Brot** erinnert an ______________________________

____

Die **Bitterkräuter** erinnern an ______________________________

Das **Salzwasser** erinnert an ______________________________

Arbeitsblatt: Symbolische Speisen 1

Fülle die leeren Felder.

Symbol	Bezeichnung	Bedeutung
		Freude über die Befreiung
	Matzen = ungesäuertes Brot	
		Bittere Zeit als Sklaven in Ägypten
	Salzwasser	

Arbeitsblatt: Symbolische Speisen 2

Symbol	Bezeichnung	Bedeutung
		Herstellen von Ziegeln aus Lehm
	Ein Lammknochen	
		Neues Leben nach der Sklaverei

Arbeitsblatt: Der Auszug aus Ägypten

Das Pessach-Fest ist das wichtigste Fest der Juden.
Sie erinnern sich dabei an den Auszug aus Ägypten.

1

2

3

4

Station 5

Ben erzählt vom Sabbat

Aufgaben:

- Lies genau durch, was Ben vom Sabbat erzählt.
- Schneide die Textkarten aus Arbeitsblatt 5b aus und klebe sie richtig auf das Arbeitsblatt 5a.

Freiwillige Zusatzaufgabe (Arbeitsblatt 5c):

Christen haben auch einen Tag in der Woche, der Gott gehört.

- Vervollständige die Ostersonne. Nimm die Lexikonkarte zur Hilfe, wenn du sie brauchst.
- Erzähle Ben vom Sonntag in deiner Familie.

Lesetext: Ben erzählt vom Sabbat

5

Habt ihr Christen auch einen Tag der Woche, der Gott gehört?

Bei uns Juden ist dieser Tag der Samstag. Wir nennen ihn **Sabbat**. Der Sabbat beginnt am Freitagabend bei Sonnenuntergang und endet am Samstagabend ebenfalls bei Sonnenuntergang.

An diesem Tag denken wir daran, dass Gott in 6 Tagen die Welt erschaffen hat und am 7. Tag ruhte. In den Weisungen, die Mose von Gott erhalten hat, steht ebenfalls geschrieben, dass wir den Sabbat heiligen sollen. Dieser Tag ist ein Ruhetag für uns – so wie bei euch der Sonntag.

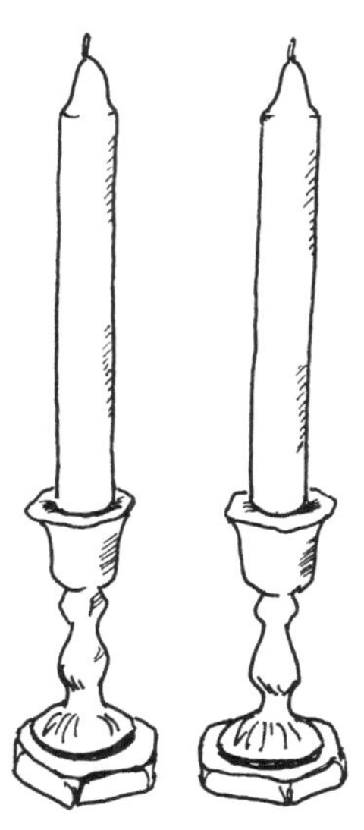

Die Speisen für den Sabbat müssen schon vorher eingekauft und zubereitet werden. Denn am Sabbat selbst darf nicht gearbeitet werden. Aus diesem Grund kocht meine Mutter vor und backt die geflochtenen Sabbatbrote. Auch das Haus wird gründlich gereinigt. Alle ziehen ihre besten Kleider an.
Gegen Abend zündet meine Mutter die Sabbatkerzen an und spricht ein Segensgebet. Dann gehen mein Vater und ich in die Synagoge. Zu Hause beginnt dann das festliche Essen. Mein Vater segnet den Tag und die Familie. Er spricht auch den Segen über das Brot und den Wein. Immer wieder singen wir dazwischen Lieder. Auch hinterher sitzen wir noch zusammen und erzählen, singen und spielen.

Am Sabbatvormittag geht unsere Familie wieder in die Synagoge zum Gottesdienst. Danach gibt es das Essen, das meine Mutter am Freitag vorbereitet und warm gehalten hat.

An diesem Tag trifft sich meine ganze Familie zu Hause und lässt sich auch nicht durch das Telefon stören. Oft haben wir Gäste, denn niemand soll den Sabbat allein feiern müssen.

Nun weißt du auch, warum ich samstags auf keinen Fall am Fußballturnier teilnehmen konnte.

Arbeitsblatt: Sabbat 1

5a

Schneide die Textkarten aus Arbeitsblatt 5b aus und klebe sie hier in die richtigen Kästchen.

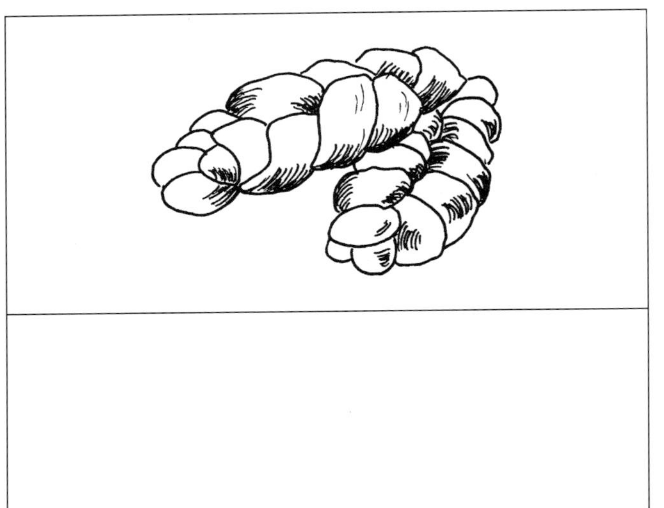

Arbeitsblatt: Sabbat 2

 **5b**

Gegen Abend zündet meine Mutter die Sabbatkerzen an und spricht ein Segensgebet.

Dann gehen mein Vater und ich in die Synagoge.

Meine Mutter kocht vor und backt die geflochtenen Sabbatbrote, denn am Sabbat selbst darf nicht gearbeitet werden.

Zu Hause beginnt dann das festliche Essen. Mein Vater segnet den Tag und die Familie. Er spricht auch den Segen über das Brot und den Wein.

Oft haben wir Gäste, denn niemand soll den Sabbat einsam feiern müssen.

In den Weisungen, die Mose von Gott erhalten hat, steht geschrieben, dass wir den Sabbat heiligen sollen. Er ist ein Ruhetag.

Christen feiern den Sonntag

5c

Erzähle hier Ben vom Sonntag in deiner Familie.

Hallo Ben, ______________________________

____

____

____

____

____

____

Kopiervorlage: Lexikonkarte

5

Aus dem LEXIKON:

Sonntag, *der wöchentliche Feiertag, an dem in fast allen Kirchen Gottesdienst gefeiert wird. Im Wort und im Mahl erinnern sich Christen an Leben, Tod und Auferstehung Jesu Christi. Jeder Sonntag ist ein Gedenktag an den Ostersonntag.*

Bei den Römern und Griechen war der erste Tag der Woche dem Sonnengott geweiht. Die Christen übernahmen diesen Tag und bezogen ihn auf Jesus Christus. Er ist das „Licht der Welt“. Deshalb wird der Sonntag auch „Tag des Herrn“ genannt.

1976 wurde der Sonntag in Deutschland zum 7. Tag der Woche erklärt.

Aus dem LEXIKON:

Sonntag, *der wöchentliche Feiertag, an dem in fast allen Kirchen Gottesdienst gefeiert wird. Im Wort und im Mahl erinnern sich Christen an Leben, Tod und Auferstehung Jesu Christi. Jeder Sonntag ist ein Gedenktag an den Ostersonntag.*

Bei den Römern und Griechen war der erste Tag der Woche dem Sonnengott geweiht. Die Christen übernahmen diesen Tag und bezogen ihn auf Jesus Christus. Er ist das „Licht der Welt“. Deshalb wird der Sonntag auch „Tag des Herrn“ genannt.

1976 wurde der Sonntag in Deutschland zum 7. Tag der Woche erklärt.

Aus dem LEXIKON:

Sonntag, *der wöchentliche Feiertag, an dem in fast allen Kirchen Gottesdienst gefeiert wird. Im Wort und im Mahl erinnern sich Christen an Leben, Tod und Auferstehung Jesu Christi. Jeder Sonntag ist ein Gedenktag an den Ostersonntag.*

Bei den Römern und Griechen war der erste Tag der Woche dem Sonnengott geweiht. Die Christen übernahmen diesen Tag und bezogen ihn auf Jesus Christus. Er ist das „Licht der Welt“. Deshalb wird der Sonntag auch „Tag des Herrn“ genannt.

1976 wurde der Sonntag in Deutschland zum 7. Tag der Woche erklärt.

Aus dem LEXIKON:

Sonntag, *der wöchentliche Feiertag, an dem in fast allen Kirchen Gottesdienst gefeiert wird. Im Wort und im Mahl erinnern sich Christen an Leben, Tod und Auferstehung Jesu Christi. Jeder Sonntag ist ein Gedenktag an den Ostersonntag.*

Bei den Römern und Griechen war der erste Tag der Woche dem Sonnengott geweiht. Die Christen übernahmen diesen Tag und bezogen ihn auf Jesus Christus. Er ist das „Licht der Welt“. Deshalb wird der Sonntag auch „Tag des Herrn“ genannt.

1976 wurde der Sonntag in Deutschland zum 7. Tag der Woche erklärt.

Station 6

Gestaltung einer Informationskarte

Freiwillige Zusatzaufgabe:

- Was kannst du noch über den jüdischen Glauben erfahren, z. B. in Büchern, in Lexika oder im Internet?
  Hier kannst du eine eigene Informationskarte mit einem kurzen Text, mit Bildern oder einem Rätsel herstellen.
  Lege die Karte zur Information für andere Schüler bereit.
- Gerne darfst du deine Karte der Klasse vorstellen.

Infokarte

6a

Lösung: Der jüdische Glaube

Ich bin stolz auf meinen Glauben. Unsere Religion ist schon sehr alt. Unser Volk war das erste, das an nur einen ***einzigen***, allmächtigen Gott geglaubt und diesen angebetet hat. Damals glaubten alle anderen Völker an ***mehrere*** Götter.

Jahwe, unser Gott, führt und begleitet sein Volk vom Anfang bis zum Ende.

Das jüdische Glaubensbekenntnis steht in der Thora, unserer Heiligen Schrift.

Höre
Israel !
Jahwe,
unser ***Gott***,
Jahwe
ist
einzig !

Dieser Satz bedeutet: ***Jahwe ist einzig, es gibt keinen Gott außer ihm.***

Lösung: Der brennende Dornbusch

1c

Mose erfuhr am brennenden Dornbusch den Gottesnamen JAHWE.
Ben hat dir erzählt, was der hebräische Name auf Deutsch bedeutet.
Finde diese Wörter in den Blättern und male sie mit Feuerfarben aus.
Male dann die übrigen Blätter grün und den Busch braun.

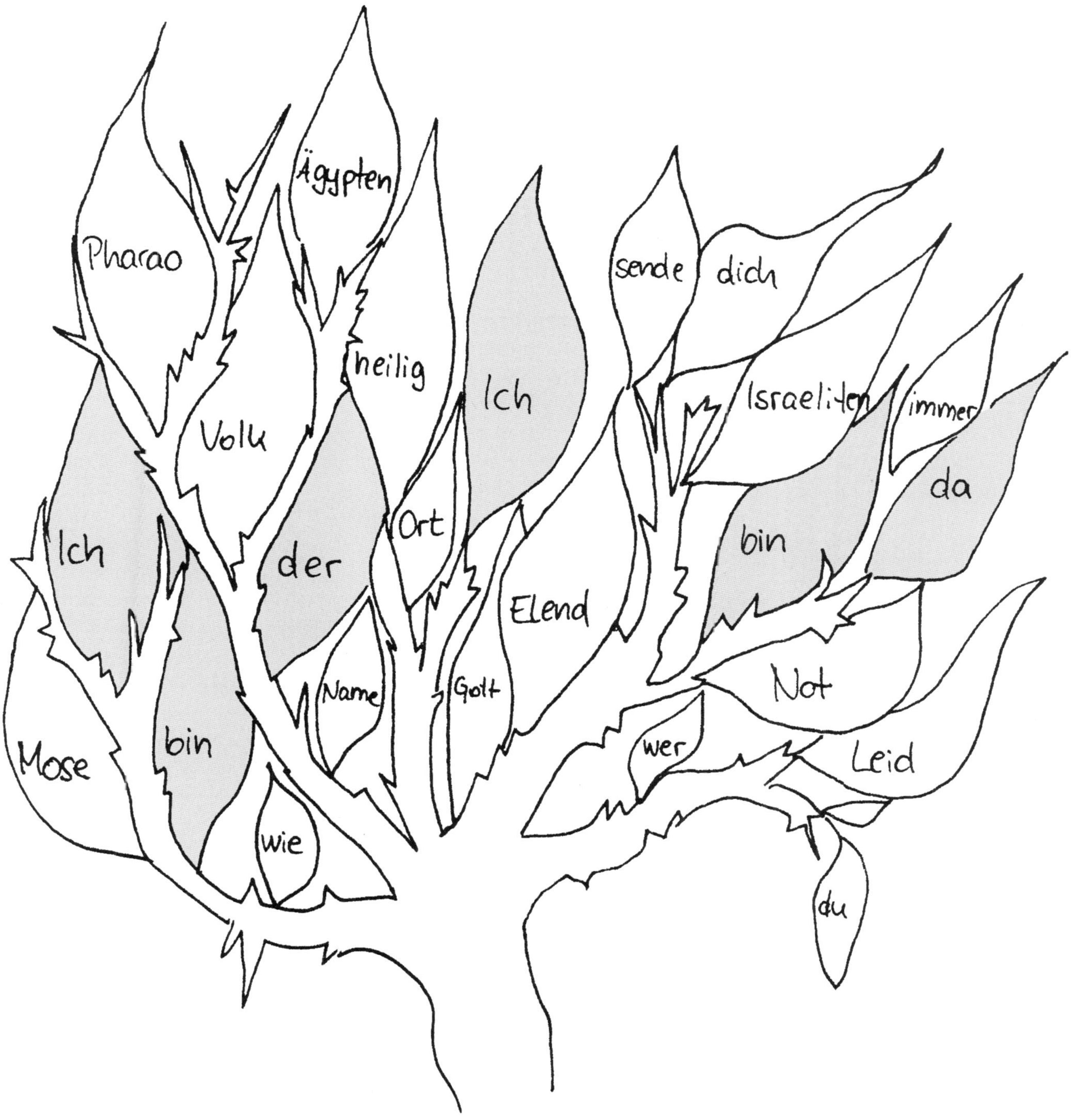

Lösung: Die Thora

2a

Die Texte der Thora sind handgeschrieben und auf eine Rolle gewickelt. Die Thora ist die wichtigste Schrift für die Juden.

So heiβen die ersten 5 Bücher der Bibel, die von den Juden Thora genannt wird (Tipp: Schaue im Inhaltsverzeichnis der Bibel nach!):	***Genesis*** ***Exodus*** ***Levitikus*** ***Numeri*** ***Deuteronomium***
So heiβt der erste groβe Teil unserer Bibel:	***Altes Testament***
So nennt man den Kasten, in dem die Thorarollen aufbewahrt werden:	***Thoraschrein***
Darauf wurde früher geschrieben:	***Papyrus*** oder ***Pergament***
Diesem Mann versprach Gott unter dem Sternenhimmel viele Nachkommen:	***Abraham***
Dieser Mann befreite das Volk Israel aus Ägypten:	***Mose***
In dieser Sprache ist die Thora geschrieben:	***Hebräisch***
So wird die Thora noch genannt:	***Weisung***

Lösung: Wortsuchrätsel zur Thora

2c

Suche alle Lösungswörter von Arbeitsblatt 2a und male sie farbig an.
Es sind 13 Wörter.

A	B	R	A	H	A	M	V	P	A	P	Y	R	U	S	E
G	B	V	D	Z	K	P	O	D	S	R	B	V	C	X	L
U	X	L	B	B	Ö	P	U	Z	T	W	A	K	R	Z	O
C	D	E	U	T	E	R	O	N	O	M	I	U	M	K	K
W	Q	V	V	B	H	J	F	T	J	O	P	Z	R	E	I
W	G	I	B	C	Y	H	V	T	T	A	M	M	I	X	U
E	V	T	J	P	K	U	C	B	Y	K	L	O	T	O	E
W	D	I	V	E	F	G	E	N	E	S	I	S	Ü	D	D
E	O	K	G	R	N	M	N	U	B	V	C	E	X	U	A
I	D	U	Z	G	I	P	H	M	J	D	B	N	B	S	X
S	L	S	Ö	A	U	H	H	E	B	R	Ä	I	S	C	H
U	F	P	Q	M	X	D	G	R	F	G	V	N	O	G	R
N	M	K	G	E	D	C	J	I	T	D	H	M	O	M	G
G	N	E	O	N	B	N	I	O	E	H	C	M	E	Z	H
S	R	A	L	T	E	S	T	E	S	T	A	M	E	N	T
E	C	D	F	J	U	I	O	P	G	N	X	Y	M	E	J
O	Ü	L	T	H	O	R	A	S	C	H	R	E	I	N	K

Lösung: Die Synagoge

3a

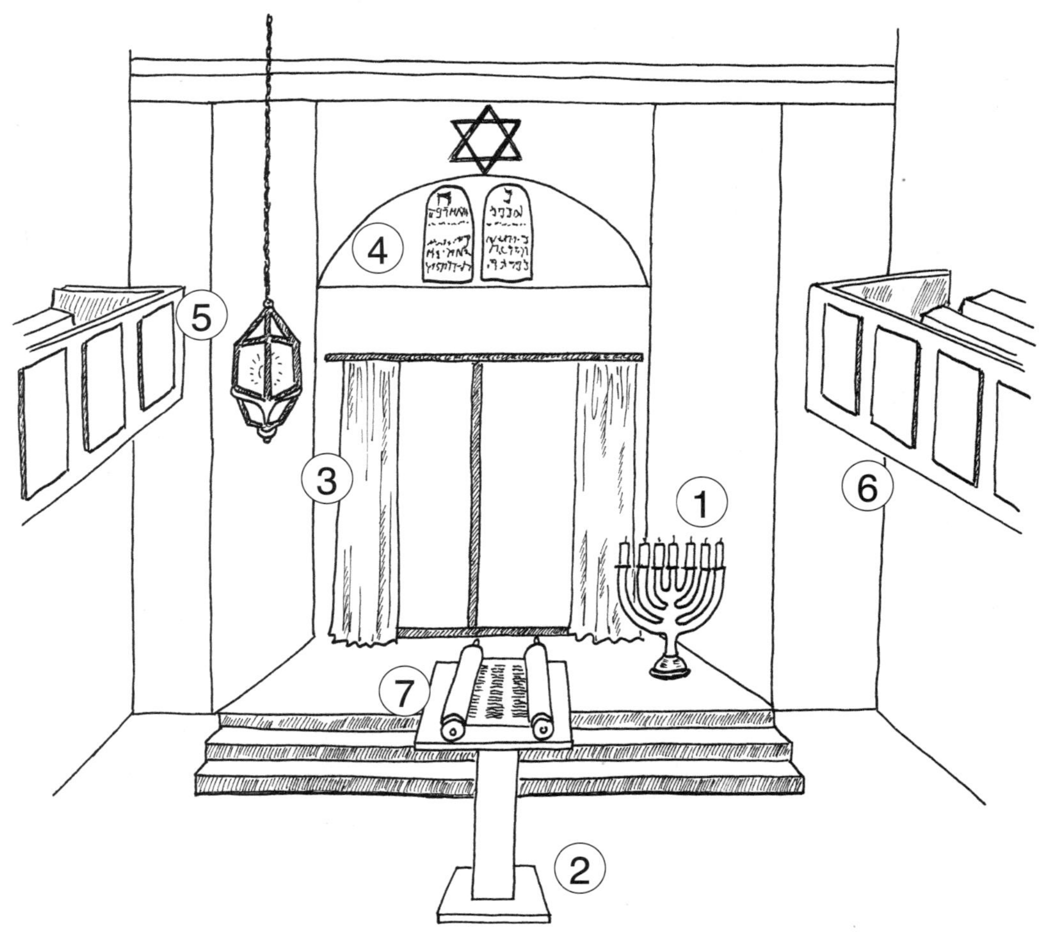

Wie heißen die Gegenstände, bei denen die Zahlen stehen?

(1) ***Menora-Leuchter***

(2) ***Vorlesepult***

(3) ***Thoravorhang***

(4) ***Thoraschrein***

(5) ***ewiges Licht***

(6) ***Empore***

(7) ***Thorarolle***

Fülle die Lücken.

Die Synagoge ist unser Gemeindehaus. Hier treffen sich alle. Hier ***betet*** ______ man und liest aus der Heiligen Schrift, der ***Thora*** vor. Hier bekommen wir auch ***Religionsunterricht***.

So nennt man denjenigen, der die Heilige Schrift erklärt.

Er ist auch der Lehrer: ***Rabbi/Rabbiner***

Lösung: Der Seder-Teller

Der gedeckte Tisch am Seder-Abend zu Beginn des Pessach-Festes
Beschrifte:

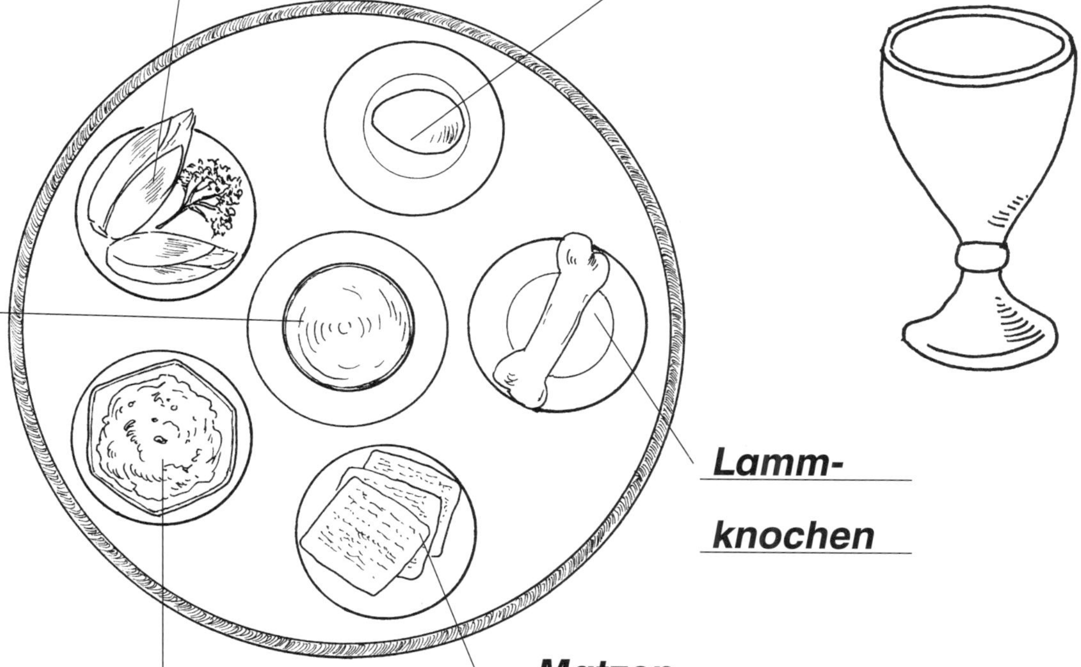

Bitterkraut, z. B. Chicorée

Ei

Salz-wasser

Lamm-knochen

Fruchtmus

Matzen (ungesäuertes Brot)

Alle Speisen auf dem Tisch haben eine besondere Bedeutung.
Kannst du Bens Fragen beantworten?

Diese Nacht ist anders, weil *wir einmal im Jahr das Pessach-Fest feiern. Es erinnert uns an den Auszug der Israeliten aus Ägypten. Wir ziehen uns festlich an und decken den Tisch ganz besonders schön. Das Pessach-Fest beginnt mit dem Seder-Abend.*

Das **ungesäuerte Brot** erinnert an *den eiligen Auszug aus Ägypten. Es blieb keine Zeit, den Sauerteig für das Brot gehen zu lassen.*

Die **Bitterkräuter** erinnern an *das bittere Schicksal der Sklaverei.*

Das **Salzwasser** erinnert an *die Tränen der Israeliten.*

Lösung: Symbolische Speisen 1

Fülle die leeren Felder.

Symbol	Bezeichnung	Bedeutung
	Wein	Freude über die Befreiung
	Matzen = ungesäuertes Brot	***Eiliger Aufbruch***
	Bitterkraut und grünes Kraut	Bittere Zeit als Sklaven in Ägypten
	Salzwasser	***Tränen in der Sklaverei***

Lösung: Symbolische Speisen 2

Symbol	Bezeichnung	Bedeutung
	Braunes Mus	Herstellen von Ziegeln aus Lehm
	Ein Lammknochen	***Erinnerung an die Pessach-Lämmer***
	Ein Ei	Neues Leben nach der Sklaverei

Lösung: Sabbat 1 und 2

5a

Schneide die Textkarten aus Arbeitsblatt 5b aus und klebe sie hier in die richtigen Kästchen.

Meine Mutter kocht vor und backt die geflochtenen Sabbatbrote, denn am Sabbat selbst darf nicht gearbeitet werden.

Gegen Abend zündet meine Mutter die Sabbatkerzen an und spricht ein Segensgebet.

Dann gehen mein Vater und ich in die Synagoge.

Zu Hause beginnt dann das festliche Essen. Mein Vater segnet den Tag und die Familie. Er spricht auch den Segen über das Brot und den Wein.

Oft haben wir Gäste, denn niemand soll den Sabbat einsam feiern müssen.

In den Weisungen, die Mose von Gott erhalten hat, steht geschrieben, dass wir den Sabbat heiligen sollen. Er ist ein Ruhetag.

Lösung: Christen feiern den Sonntag

5c

Man nennt den Sonntag auch Tag des **Herrn**.

Jeder Sonntag ist ein Gedenktag an den **Ostersonntag**.

Jesus ist das Licht der **Welt**.

Am Sonntag wird in der Kirche **Gottesdienst** gefeiert.

Christen erinnern sich an Leben, Tod und **Auferstehung** Jesu.

Erzähle hier Ben vom Sonntag in deiner Familie.

Hier gibt es keine allgemeingültige Lösung; die Sonntagsgestaltung in den einzelnen Familien ist ja unterschiedlich. Im Gespräch kann erarbeitet werden, dass der Sonntag für Christen der Tag ist, an dem Gott und auch die Feier des Gottesdienstes besonders wichtig sind.

Die Kinder können entdecken, dass sich für viele Christen der Sonntag kaum mehr von einem normalen Ferientag unterscheidet.

Weitere Bausteine und ergänzende Materialien im Überblick

Zu den Einführungsstunden:

Bild- und Wortkarten zum Bodenbild

- Arbeitsblatt: Glaubenswege (s. S. 56)
- Tanzlied: Shalom Chaverim (s. S. 58)

Zu Station 1: Ben erzählt von seinem Glauben

- Singen eines hebräischen Liedes (s. S. 58)
- Lesetext: Ben stellt sich vor (s. S. 59), evtl. auch als Hörbeispiel (zum Download unter https://www.auer-verlag.de/media/ntx/auer/soundfiles/06333_Hoerprobe.mp3)
- Lesetext: Mein Freund Ben (s. S. 60/61)
- Bild: Ben und Schriftzug: Jahwe (s. S. 64)
- Möglicher Lesetext zur Ergänzung: Der brennende Dornbusch (s. S. 62)

Zu Station 2: Ben erzählt von der Thora

- Thora als Anschauungsobjekt mitbringen (bei den örtlichen Medienstellen nachfragen)
- Arbeitsblatt: Hebräisch – die Sprache der Thora (s. S. 66)
- Lesetext: Die kostbare Ware. Geschichte zur besonderen Bedeutung der Thora für den jüdischen Glauben (s. S. 63). Einsatzmöglichkeit des Lesetextes im Unterricht:

  L legt auf ein Tischchen in der Mitte eine mit Goldstoff umhüllte Thorarolle.
  → S vermuten, was sich darin verbergen könnte.
  L liest die Geschichte „Die kostbare Ware" vor.
  → Im Gespräch wird erarbeitet, dass die Worte der Thora ein besonderer Schatz sind, den der Rabbiner im Herzen trägt. Dieser Schatz unterscheidet sich von den wertvollen Waren der Kaufleute. Die Thorarolle wird vom L vorsichtig ausgepackt und geöffnet.
  → Einige S haben sich vielleicht schon mit der Station zur Thora beschäftigt und können davon erzählen.
  → Wichtige Begriffe werden evtl. auf Karten geschrieben und rund um die Thora gelegt.
  → Informationen zum Umgang mit der Thora werden vom L gegeben (die Thora wird nicht mit den Fingern berührt, sie wird immer auf ein Tischchen gelegt …).
  → Die S überlegen, warum das so ist und was das mit der Geschichte zu tun hat.

Zu Station 3: Ben erzählt von der Synagoge

- Folienbild: Synagoge (s. S. 65)
- Besuch einer Synagoge

Zu Station 4: Ben erzählt vom Pessach-Fest

- Einstiegsspiel zu Pessach: Ich erinnere mich … (s. S. 70)
- Matzen und andere Speisen des Sedertellers probieren und deuten
- Lehrererzählung zum Pessach-Fest (s. S. 68/69)

Zu Station 5: Ben erzählt vom Sabbat

- Tanzlied: Shalom Chaverim (s. S. 58)

Zum Abschluss:

- Memory®-Spiel (s. S. 71/72)

Zur Lernzielüberprüfung:

- Lernzielkontrolle (s. S. 73–75)

Bildkarten zum Bodenbild

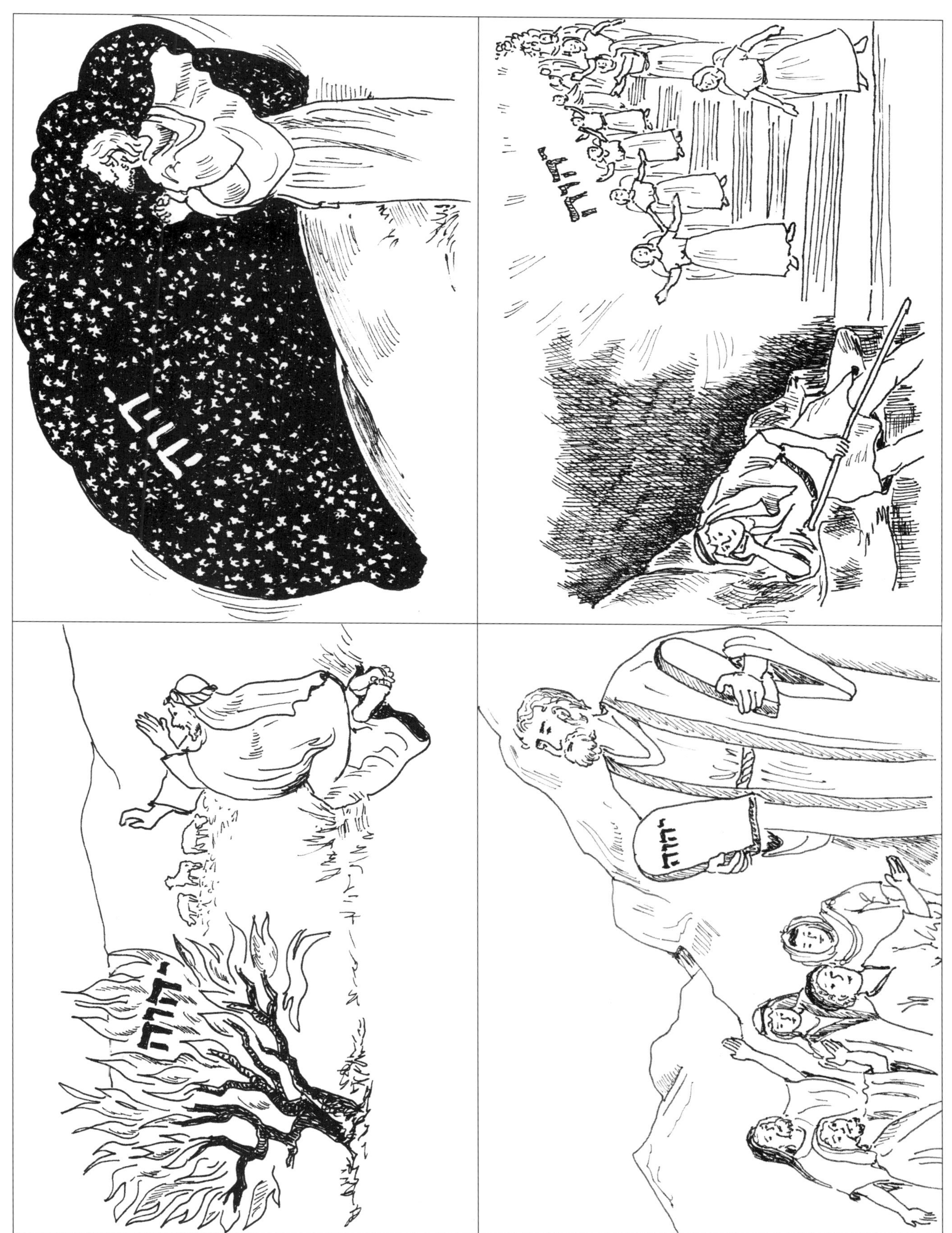

Bildkarten zum Bodenbild

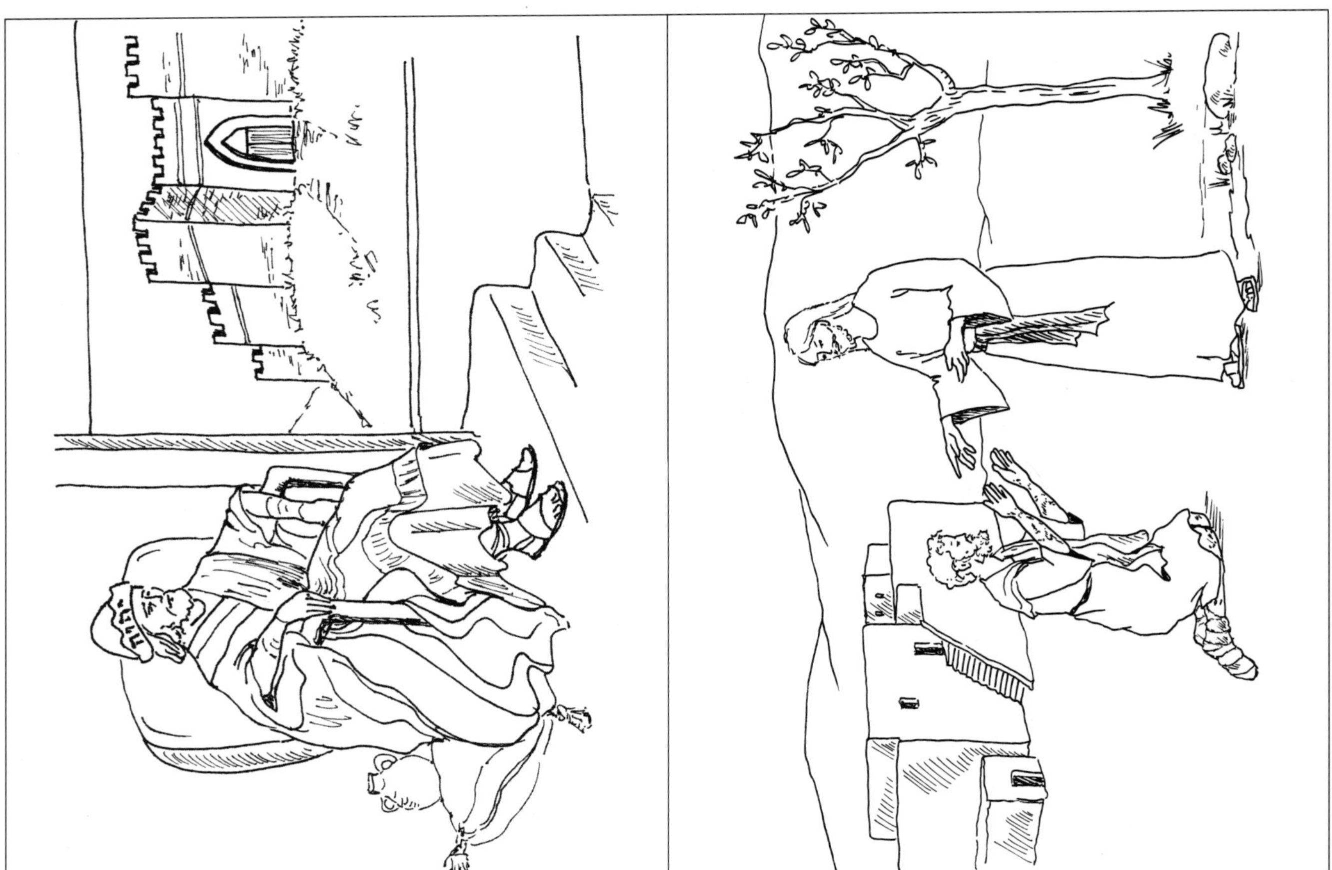

Wortkarten zum Bodenbild

Juden	**Synagoge**
Christen	**Sabbat**

Wortkarten zum Bodenbild

Kippa	Pessach
Thora	Schalom

Wortkarten zum Bodenbild

יהוה	Ich bin der Ich-bin-da
Jahwe	Volk Israel

Arbeitsblatt: Glaubenswege

Lösungsvorschlag: Glaubenswege

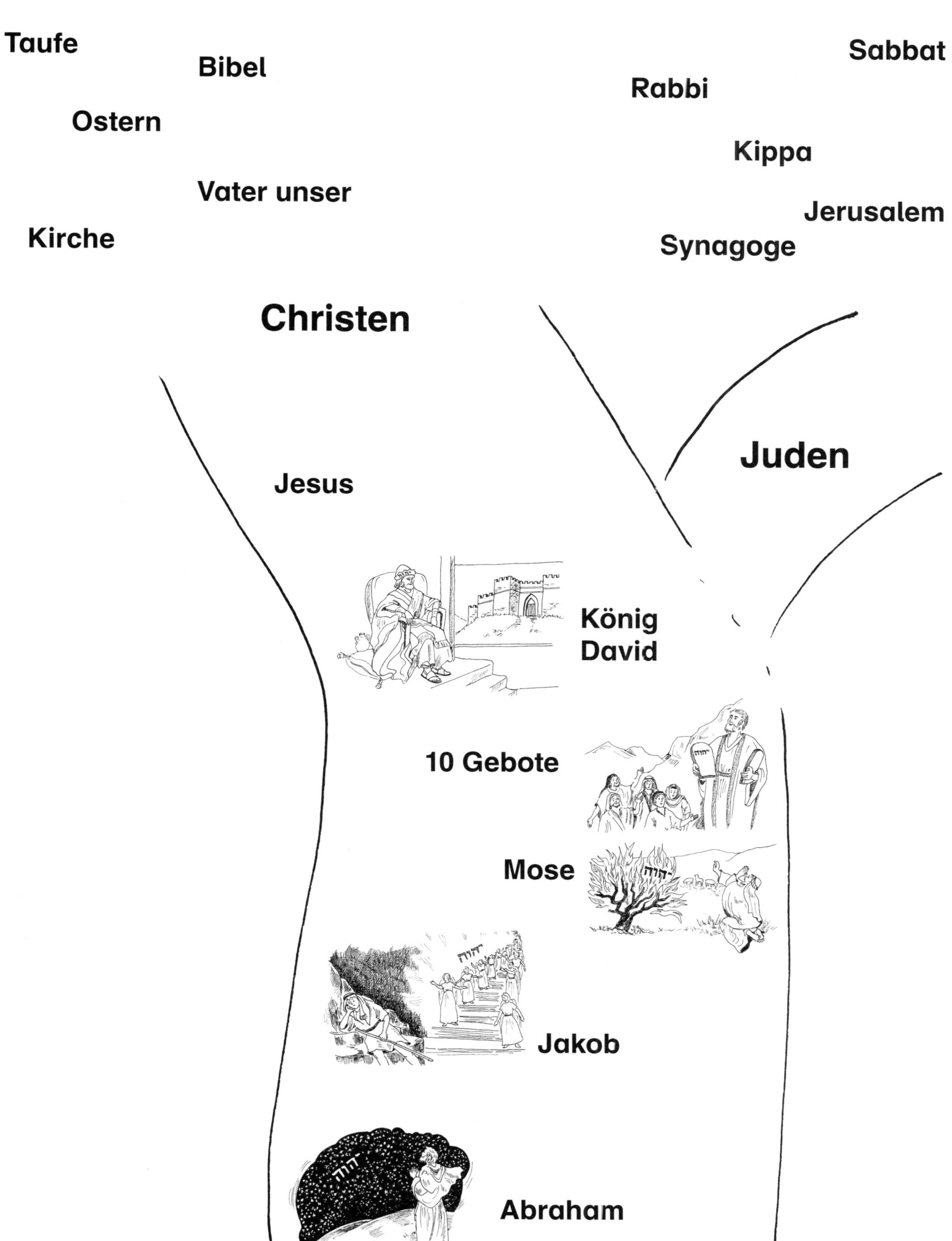

Tanzlied: Shalom Chaverim

Die Übersetzung lautet: Leb wohl, lieber Freund, leb wohl, lieber Freund,
lass Frieden sein.
Auf Wiedersehen, auf Wiedersehen,
lass Frieden sein.

Wir stehen im Kreis und blicken nach innen.

Shalom chaverim,

Wir legen die rechte Hand auf die linke Schulter.

shalom chaverim!

Wir legen die linke Hand auf die rechte Schulter.

Shalom, shalom!

Wir verbeugen uns zur Mitte (2x).

Le hitraot, le hitraot,

Wir fassen uns an den Händen und gehen im Kreis.

shalom, shalom.

Wir verbeugen uns zur Mitte (2x), immer noch an den Händen gefasst.

Lesetext: Ben stellt sich vor

Hallo,

mein Name ist Ben und ich bin 10 Jahre alt. Meine Familie lebt erst seit ein paar Jahren in Deutschland.

Anfangs tat ich mich hier ein bisschen schwer, weil in dem Glauben, dem ich angehöre, manche Bestimmungen und Regeln gelten, die es bei euch Christen so nicht – oder anders gibt. Eine Weile habe ich mich nicht getraut, von meinem Glauben zu erzählen, bis ich eines Tages deshalb fast Streit mit meinem besten Freund bekommen habe. Er konnte nämlich nicht verstehen, dass ich samstags einfach nicht am Fußballturnier teilnehmen oder beim Schulfest Getränke verkaufen kann. Wenn er sich mit mir am Freitagabend treffen wollte, musste ich immer eine neue Ausrede erfinden – obwohl auch bei uns Lügen nicht erlaubt ist. Als ich ihm dann aber von meinem Glauben erzählte, wollte er immer mehr wissen. Besonders lustig fand er es, als er mich das erste Mal mit der Kippa auf dem Kopf gesehen hatte, aber mittlerweile war er sogar schon zweimal in der Synagoge dabei und hat sich an den Anblick gewöhnt.

Zu Hause habe ich eine Schublade, in der bewahre ich Dinge auf, die für mich eine besondere Bedeutung haben, weil sie mich an ein Erlebnis oder eine Person erinnern.
Zum Beispiel habe ich ein gepresstes Blatt von einem Feigenbaum darin. Es erinnert mich an meine Oma, die in Israel wohnt. Letztes Jahr war unsere Familie dort auf Besuch und ich habe das Blatt als Erinnerung mit nach Hause genommen.
Warum ich euch das erzähle?
Gestern war der Beginn eines großen Festes – ich nenne es auch Erinnerungsfest, obwohl es eigentlich ganz anders heißt. Bei diesem Fest erinnern wir uns an eine Geschichte, die auch bei euch in der Bibel steht. Es geht um Mose, um unsere Vorfahren, das Volk Israel und natürlich um Jahwe.

Mehr verrate ich nicht.
Ich bin also nicht Christ, so wie ihr. Vielleicht findet ihr ja bald heraus, welcher Religion ich angehöre und wie das wichtige Fest heißt, von dem ich euch ein wenig erzählt habe.

Lesetext: Mein Freund Ben

Wir hatten gerade Mathematik. Plötzlich klopfte es leise an der Tür. Frau Ganter sagte zu mir: „Mike, mach' mal die Tür auf!" Als ich öffnete, ging ich erstaunt einen Schritt zurück. Vor der Tür stand ein Junge und schaute mich unsicher an. „Ach, du bist da", sagte Frau Ganter. „Ich bin schon auf dich vorbereitet". Alle aus der Klasse schauten den Neuen an. Frau Ganter legte ihm die Hand auf die Schulter und sagte: „Dies ist euer neuer Mitschüler. Er heißt Ben und ist neu in unsere Gegend gezogen. Ben, du kannst dich hier neben Mike setzen." So kam es, dass Ben und ich uns kennenlernten.

In der Pause unterhielten wir uns und mir fiel auf, dass er ein seltsames Deutsch sprach. Ich erfuhr, dass seine Familie aus der Ukraine zugezogen war.

Ben sprach nicht viel, aber bald stellte sich heraus, dass er ein toller Fußballspieler war.
Das freute mich besonders, da ich selbst auch Fußball spiele. Ben kam auch tatsächlich zu unserem nächsten Training. Er bewährte sich und schon beim nächsten Turnier spielte er von Anfang an auf dem Platz. Als Rechtsaußen machte er mir zwei Vorlagen, die ich prompt in Tore verwandelte.
Wir waren ein gutes Team und ich freute mich schon auf das nächste Spiel.

Wie immer nach einem wichtigen Spiel spendierte uns der Trainer eine Bockwurst und ein Brötchen. Aber Ben lehnte ab und wollte nur ein trockenes Brötchen. „Bist du allergisch oder magst du nur keine Wurst," fragte ich. „Keins von beidem", antwortete Ben. „Meine Religion verbietet es mir. Wir essen kein Schweinefleisch."
„Kein Salamibrot, kein Schnitzel, keine Würstchen mit Ketchup?" Ich konnte es nicht fassen. Ben lachte: „Wir haben unsere eigene Metzgerei. Rind, Kalb, Lamm, Geflügel dürfen wir essen. Mir fehlt nichts, meine Mutter kocht sehr lecker." „Bist du Moslem?", fragte ich. Ben schüttelte den Kopf, sagte aber nichts weiter.

Drei Wochen später hatten wir wieder ein Spiel, leider am Samstag. Vater schimpfte: „Hat man denn nie am Wochenende seine Ruhe? Dauernd diese Termine. Heute hast du ein Fußballspiel und morgen, am Sonntag, hat deine Schwester einen Turnwettkampf, zu dem ich sie und die anderen Mädchen fahren muss!"

Unsere Mannschaft traf sich am Vereinsheim und wer nicht kam, war Ben. Er hatte zu mir kein Sterbenswörtchen gesagt, dass er nicht kommen würde. Eigentlich dachte ich, wir seien Freunde. Ohne Ben würde das heute wohl ein schwieriges Spiel werden!

Lesetext: Mein Freund Ben (Fortsetzung)

Am Montag in der Schule knöpfte ich mir Ben gleich vor: „Wo warst du vorgestern?“ Ben wurde verlegen: „Das hängt auch mit meiner Religion zusammen“, antwortete er schließlich. „Wir sind Juden. Für uns ist der Samstag ein heiliger Tag. Wir nennen ihn Sabbat. Er beginnt schon am Freitagabend und endet am Samstagabend. Während dieser Zeit dürfen wir nicht arbeiten, kein Licht machen, nicht mit dem Auto und auch nicht mit dem Bus fahren. Es ist ein Ruhetag. Meine Mutter kocht nicht einmal. Das Essen wird schon am Freitag vorgekocht. „Aber dieses wichtige Spiel!“, langsam wurde ich wütend, „nur diesen einen Samstag. Gewöhnlich spielen wir ja sonntags, da gibt es für dich kein Problem, aber dieses eine Mal hättest du doch den Sabbat auslassen können, oder nicht?“ „Es gibt keine Ausnahme“, antwortete Ben. „Am Sabbat kann ich einfach nicht.“

Das wollte ich nicht einsehen. Die nächsten Tage herrschte Funkstille zwischen uns. Auch im Training sprachen wir nicht miteinander. Ich fühlte mich von Ben einfach im Stich gelassen.

Am Freitag schob Ben mir in der letzten Stunde einen Zettel zu. „Komm doch zu mir heute abend. Meine Eltern würden sich auch darüber freuen.“

Während ich den Zettel las, beobachtete mich Ben so gespannt, dass ich dachte, er würde gleich platzen, so rot wurde er. Da konnte ich nicht länger an mich halten und prustete laut hinaus. Klar, dass wir sofort von unserer Lehrerin streng verwarnt wurden, aber was macht das schon, wenn man sich gerade mit seinem Freund versöhnt hat und dazu noch zu einem Fest eingeladen wird.

Lesetext: Der brennende Dornbusch

Mose weidete die Schafe und Ziegen beim Gottesberg Horeb.
Dort sah er eine Flamme, die aus einem Dornbusch schlug. Aber der Busch verbrannte doch nicht.
Als der Herr sah, dass Mose näher kam, um sich das anzusehen, rief er aus dem Dornbusch: „ Komm nicht näher! Zieh deine Schuhe aus, denn der Ort, auf dem du stehst, ist heilig!“
Dann fuhr er fort: „Ich bin der Gott Abrahams, der Gott Isaaks und der Gott Jakobs.“
Da verhüllte Mose sein Gesicht, denn er fürchtete sich, Gott anzuschauen.
Der Herr sprach: „Ich habe das Elend meines Volkes in Ägypten gesehen und ihre Klage gehört. Ich will sie aus der Hand der Ägypter befreien und in ein schönes Land führen. Dich sende ich zum Pharao. Führe mein Volk aus Ägypten heraus!“
Mose antwortete: „Wer bin ich denn schon? Wie kann ich zum Pharao gehen und die Israeliten aus Ägypten herausführen?“
Gott aber sagte: „Ich bin mit dir.“
Da sagte Mose: „Gut, ich werde also zu den Israeliten gehen und ihnen sagen: Der Gott eurer Väter hat mich zu euch geschickt. Da werden sie fragen: Wie heißt er? Was soll ich ihnen dann sagen?“
Da antwortete Gott Mose: „Du sollst ihnen sagen: Jahwe, der Gott eurer Väter, hat mich zu euch geschickt. Ich bin der ICH-BIN-DA. Das ist mein Name für immer.“
(Nach Ex 3, 6–16)

Lesetext: Die kostbare Ware

Einmal fuhr ein Schiff über das große Meer. Die meisten Gäste waren Kaufleute, die verschiedene Waren mit sich führten, um sie an Fremde zu verkaufen. Der eine hatte große Packen mit schönen Stoffen, der andere gute Früchte aus Israel, Mandeln, Rosinen, getrocknete Feigen, der Dritte hatte kostbare Gefäße, Schüsseln, Krüge von Gold und buntem Glas, der Vierte Teppiche, der Fünfte allerlei Schmuck, Ringe, Armreifen und Ketten. Alle hatten schöne und kostbare Waren.

Als sie abends auf dem Verdeck beisammensaßen, prahlte ein jeder vor den anderen mit seinem Reichtum. Ein Mann war auf dem Schiff, der prahlte nicht. Er beteiligte sich nicht an ihren Gesprächen, sondern ging immer nur mit einem Buch in der Hand auf dem Schiff umher. Irgendwann wurde er gefragt: „Wo ist denn deine Ware? Was hast du zu verkaufen? Wie viele Bücher und Kisten hast denn du auf dem Schiff?“

Der Mann war aber kein Händler, sondern ein weiser Rabbiner. Er dachte nach, was er antworten sollte. Dann sagte er: „Ich habe eine bessere und wichtigere Ware als ihr. Aber ich habe sie gut versteckt. Ihr werdet sie nicht finden. Und doch ist sie sehr wertvoll.“ Die Kaufleute suchten daraufhin und fanden aber nichts.

Eines Tages wurde das Schiff von Piraten angegriffen. Sie plünderten das Schiff und nahmen all die kostbaren Waren mit sich. Als die Kaufleute endlich in das ferne Land kamen, hatten sie nichts mehr, was sie verkaufen konnten. Ihnen blieb kein Geld, um Essen zu kaufen oder irgendwo zu übernachten. So standen sie auf der Straße und wussten keinen Rat.

Der Rabbiner aber ging in die Synagoge, um zu beten. Die Juden dort sahen, dass ein weiser Mann gekommen war, und baten ihn zu bleiben und sie zu lehren. Jeder wollte ihn in sein Haus einladen. Sie brachten viele Geschenke und gaben ihm zuletzt auch ein Haus. Alle jüdischen Einwohner begleiteten ihn zu seinem neuen Heim rechts und links von ihm, als ob er ein König wäre. Das sahen auch die Kaufleute und sie gingen durch die Menschen auf ihn zu und baten: „Habe Mitleid mit uns. Du weißt ja, dass wir nichts mehr haben.“

Der Rabbiner lächelte weise und sagte: „Seht nun, meine Ware war besser als eure. Die Thora, die ich gelernt habe, das ist die gute Ware und niemand kann sie mir wegnehmen. Nur durch ihre Weisheit wird mir so viel Ehre erwiesen. Aber seid nicht betrübt. Ich werde die Leute bitten, euch zu helfen.“ So bekamen die Kaufleute so viel Nahrung, Kleidung und Geld, dass sie wieder heimfahren konnten.

nach: Moll, Peter. Gott hat viele Gesichter aus: Auf den Wegen unserer Weisen, Jocheved Segal, Band 1/Verlag Morascha, Basel

Ben und „Jahwe“

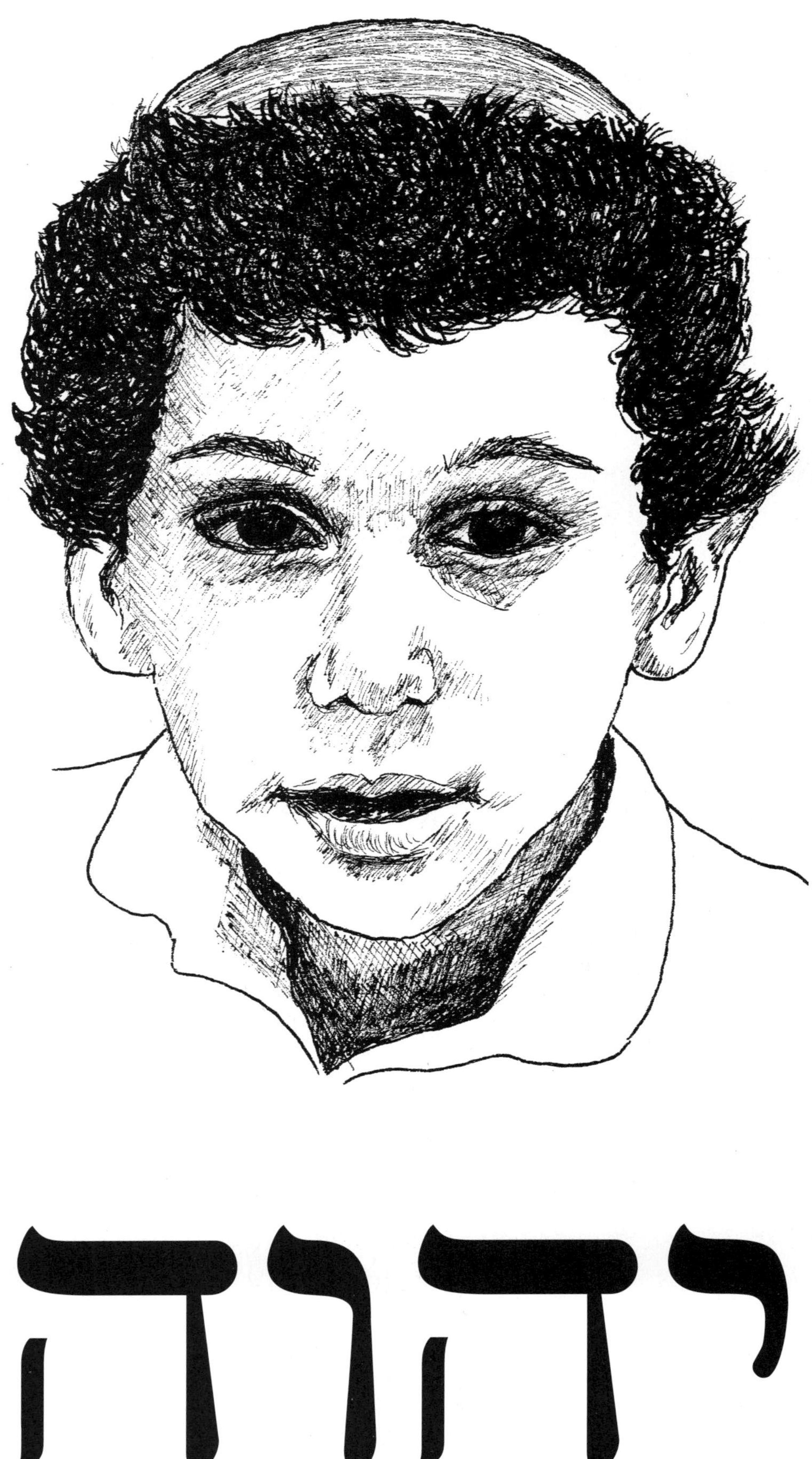

Kopiervorlage oder Folienvorlage Synagoge

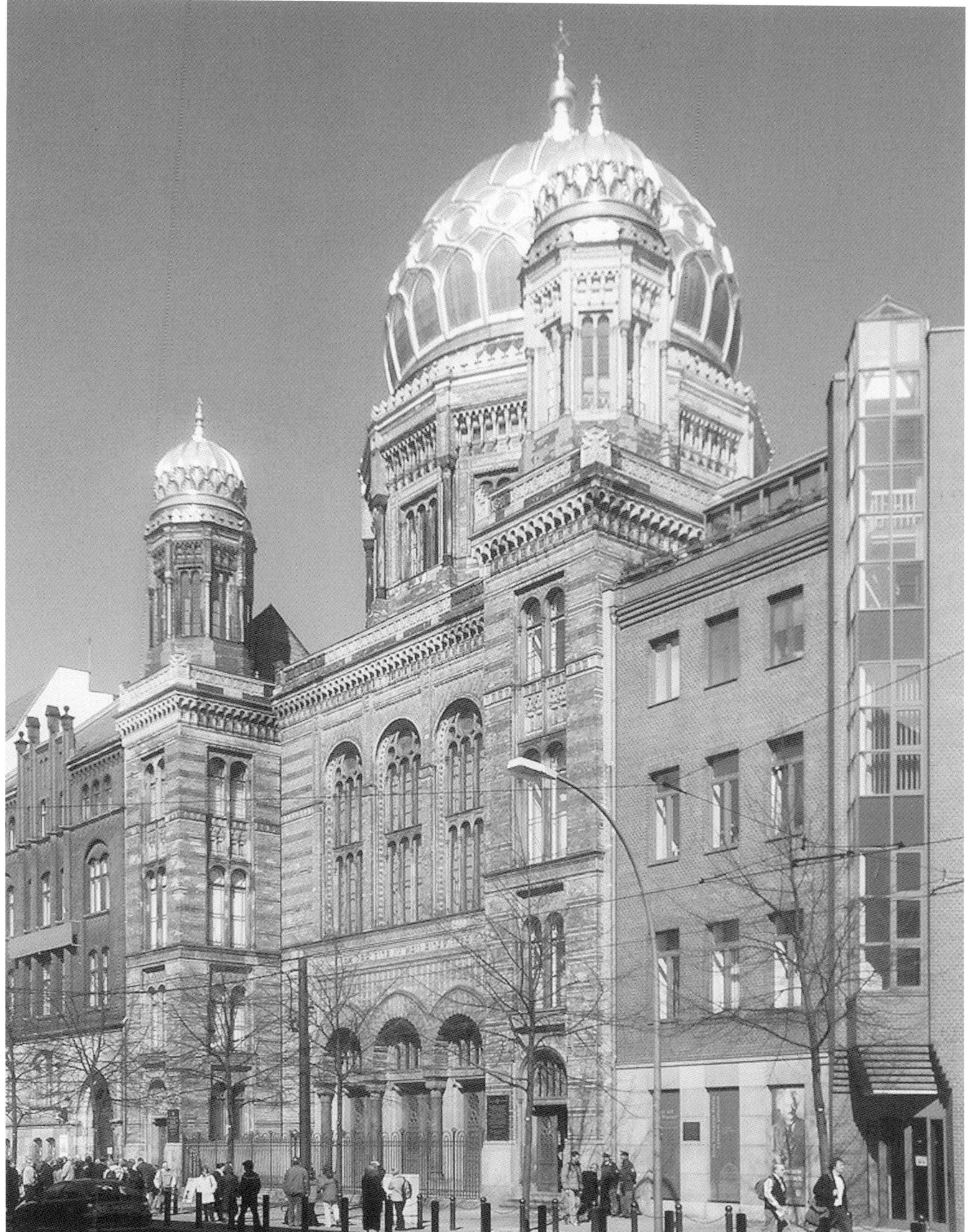

Foto: Andreas Praefcke – Eigenes Werk/Neue Synagoge, Oranienburger Straße, Berlin (Quelle: Wikipedia)

Hebräisch – die Sprache der Thora

Jedes jüdische Kind lernt Hebräisch. Das ist die Sprache der Thora. So können auch schon Kinder verstehen, was in der Thora geschrieben steht. Man liest die hebräischen Wörter von rechts nach links.
Vokale (a, e, i, o, u) werden nur gesprochen, nicht geschrieben.

Achtung!
Am Ende eines Wortes werden manche Buchstaben so geschrieben:

k → ך

m → ם

n → ן

p → ף

z → ץ

Kannst du nun herausfinden, was diese Wörter heißen? Verbinde mit Linien!

דוד	Israel
פסח	David
שבת	Pessach
ישראל	Sabbat

Dieses Wort kennst du schon:

יהוה ______________________

Hebräisch – die Sprache der Thora (Lösung)

Kannst du nun herausfinden, was diese Wörter heißen? Verbinde mit Linien!

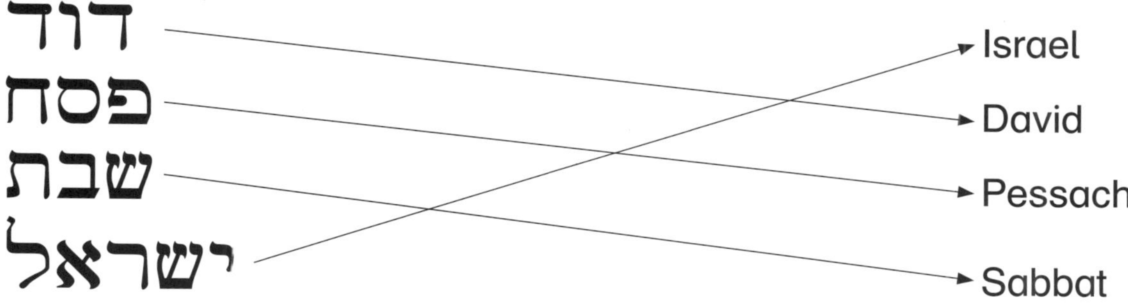

Dieses Wort kennst du schon:

יהוה *Jahwe*

Lehrererzählung zum Pessach-Fest

Die einzelnen Speisen stehen in der Mitte des Stuhlkreises und dürfen nach jedem Abschnitt von den Schülern probiert werden – in einem Moment der Stille wird über ihre Bedeutung nachgedacht. Dann erzählt der Lehrer den nächsten Abschnitt.

Die Speisen des Sedermahls erinnern an den Auszug aus Ägypten

In jenen Tagen wohnte das Volk Israel in Ägypten im Lande Goschen. Dort ging es ihnen gut und sie vermehrten sich. Sie wurden zu einem großen Volk.
Das gefiel dem mächtigen Pharao, dem Herrscher über das Land Ägypten, nicht. Er sprach zu seinem Volk: Seht nur, das Volk der Israeliten ist stärker und größer als wir. Gebt acht! Wir müssen überlegen, was wir gegen sie tun können. Da befahl er, dass die Israeliten für den Pharao Städte bauen sollten. Zuletzt machte er die Israeliten zu Sklaven.
Der Pharao setzte über die Israeliten Aufseher ein. Er machte ihnen das Leben schwer durch harte Arbeit. Sie mussten in großen Körben gelbbraunen Lehm herbeischaffen und zu Ziegeln verarbeiten.

Wir denken an die Herstellung von Ziegeln aus Lehm, wenn wir das **braune Fruchtmus** (Charosset) essen.

Aber je mehr man die Israeliten unterdrückte, umso zahlreicher wurden sie. Da befahl der Pharao, dass alle neugeborenen Knaben der Israeliten getötet werden sollten. Als eine Frau einen Jungen geboren hatte, hielt sie ihn drei Monate verborgen und machte dann ein Körbchen aus Schilf, in das sie ihren Sohn legte. Das Körbchen versteckte sie im Schilf. Dort fand es eine ägyptische Prinzessin. Sie hatte Mitleid mit dem Jungen und nahm ihn zu sich. Sie nannte ihn Mose. Als Mose ein Mann geworden war, stöhnten die Israeliten immer mehr unter der Sklaverei. Das Schicksal, das sie so viele Jahre schon ertragen mussten, war hart und bitter.

Wir denken daran, wenn wir diese **Bitterkräuter** essen. Wir denken auch an die salzigen Tränen, die von den Israeliten vergossen wurden, wenn wir die Kräuter in **Salzwasser** tauchen.

Gott hörte ihr Klagen und Rufen. Als Mose tief in der Wüste Schafe hütete, sah er einen Dornbusch brennen und doch nicht verbrennen. Er ging näher, um sich das Schauspiel anzusehen. Da sprach Gott: Komm nicht näher, zieh deine Schuhe aus, denn der Ort auf dem du stehst, ist heiliger Boden. Ich bin der Gott deiner Väter, der Gott Abrahams, Isaaks und Jakobs. Und Gott gab Mose den Auftrag: Du musst mein Volk aus Ägypten herausführen. Mose aber sagte zu Gott: Was soll ich meinem Volk sagen, wer mich zu ihnen sendet? Sie werden fragen: Wie lautet sein Name? Was soll ich antworten? Gott sprach: Ich bin der Ich-Bin-Da. Das ist mein Name für immer.

So ging Mose zu Pharao, um ihn zu bitten, die Israeliten ziehen zu lassen.
Der Pharao aber blieb hart. So sandte Gott viele Plagen über die Ägypter, doch der Pharao wollte die Israeliten nicht ziehen lassen.
Zuletzt sprach Gott zu den Israeliten: Schlachtet ein Lamm, bestreicht mit seinem Blut die Schwelle eurer Häuser. Esst das Fleisch zusammen mit ungesäuerten Broten und bitteren Kräutern.
Esst es in großer Eile, denn diese Nacht soll die Nacht eurer Befreiung sein.

Lehrererzählung zum Pessach-Fest

In dieser Nacht starben alle Erstgeborenen der Ägypter. Es ertönte ein großes Wehklagen im ganzen Land, aber an den Türen der Israeliten war der Todesengel vorbeigegangen. Das Blut auf den Türschwellen war ein Zeichen. Der Pharao sagte zu Mose: Zieht weg aus meinem Land. Nehmt alles mit, was euch gehört. Geht, so schnell wie möglich.

Wenn wir die **Matzen**, das ungesäuerte Brot essen, denken wir daran, dass die Israeliten so eilig gehen mussten, dass keine Zeit mehr blieb, um die Brote zu säuern.

So zogen die Israeliten aus dem Sklavenhaus Ägypten fort und Gott ging ihnen voraus, bei Tag in einer Wolkensäule und bei Nacht in einer Feuersäule. Doch den Pharao reute es, dass er die Israeliten hatte gehen lassen. Er verfolgte sie mit Streitwagen. Als sie am Schilfmeer waren, hatte er sie fast eingeholt. Gott sprach zu Mose: Strecke deine Hand über das Meer und spalte es. So können die Israeliten trockenen Fußes durch das Meer gehen. Als aber die Israeliten auf der anderen Seite angekommen waren, flutete das Wasser zurück und bedeckte die Rosse und Wagen der Ägypter. So rettete Gott die Israeliten aus der Hand der Ägypter. Aus Freude sangen die Israeliten Gott ein Lied.

Wir denken an die Freude der Israeliten über die Befreiung, wenn wir einen Schluck **Wein (Traubensaft)** trinken.

Bis heute lobt und preist das Volk Israel Gott dafür. Sie sagen: Er hat uns aus der Sklaverei zur Freiheit geführt, aus dem Elend in die Freude. Er hat uns ein neues Leben geschenkt. Gepriesen bist du, Herr, unser Gott, König des Himmels und der Erde. Du ernährst und versorgst alle, die du geschaffen hast. Gepriesen bist du Herr, unser Gott, der du die Frucht des Weinstocks geschaffen hast.

→ Wir denken an das neue Leben nach der Knechtschaft, wenn wir von dem **Ei** essen. In einem Ei liegt neues Leben verborgen.

Wir essen auch von der **Petersilie**. Grüne Kräuter sind Zeichen für alle Früchte der Erde, die Gott für uns wachsen lässt.
Wir trinken noch einen Schluck Wein. Danke Gott, für die Früchte des Weinstocks. In deiner Güte sorgst du für uns. Amen

Kommentar
Dieser Text erzählt frei die Geschichte vom Auszug aus Ägypten nach, ähnlich der Erzählung, wie sie der Hausvater in einem jüdischen Haushalt am Sederabend vorträgt. Aus Achtung vor dem jüdischen Glauben empfiehlt es sich nicht, mit den Kindern Pessach nachzufeiern. Wir als Christen hätten wohl auch Probleme damit, wenn andere Religionsgemeinschaften unser Abendmahl nachfeiern würden. Hier soll den Kindern lediglich die Einbindung der Speisen des Sedermahles in die Geschichte des jüdischen Volkes verdeutlicht werden. Der Auszug aus Ägypten als zentrales Ereignis der jüdischen Geschichte, die ja auch Teil unserer Glaubensgeschichte ist, wird herausgehoben. Parallelen zur Mahlfeier in unseren Gottesdiensten können von den Kindern selbstverständlich entdeckt werden.

Spiel: Ich erinnere mich …

Ablauf

L stellt Situationen vor und die Kinder, die sich an die jeweilige Situation erinnern, stehen auf. Die Kinder können auch eigene Ideen einbringen!

Beispiele

- Ich erinnere mich an meinen letzten Geburtstag.
- Ich erinnere mich an mein schönstes Geburtstagsgeschenk.
- Ich erinnere mich an die Erzieherin im Kindergarten.
- Ich erinnere mich an das letzte Schulfest.
- Ich erinnere mich an meinen Opa.
- Ich erinnere mich an die Sonnenfinsternis vor ein paar Jahren.
- Ich erinnere mich daran, wie man ein Boot faltet.
- Ich erinnere mich an die Klassenlehrerin vom letzten Schuljahr.
- Ich erinnere mich an das letzte Fußballspiel, das wir gewonnen haben.
- Ich erinnere mich an meine Einschulung.
- Ich erinnere mich daran, dass es früher keine Autos, sondern nur Pferdefuhrwerke gab.
- Ich erinnere mich daran, dass die Israeliten hart für den Pharao in Ägypten arbeiten mussten.
- Ich erinnere mich daran, wie Mose die Israeliten aus Ägypten geführt hat.
- …

Anregungen für das Lehrer-Schüler-Gespräch

Es gibt gemeinsame und persönliche Erinnerungen …
Es gibt Erinnerungen, von denen mir jemand erzählt hat …
Es gibt Gegenstände, die mich an etwas erinnern …
Es gibt Feste, die an etwas erinnern …

Mögliche Weiterführungen

- Audio-Dateien: Ben stellt sich vor
- L stellt Sederteller in die Mitte. Die Speisen erinnern an den Auszug aus Ägypten. → Überleitung zum Pessachfest

Memory®-Spiel 1

Thora	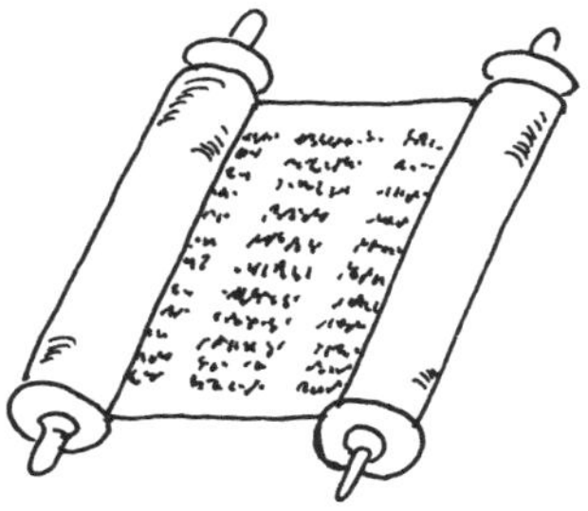	Kippa	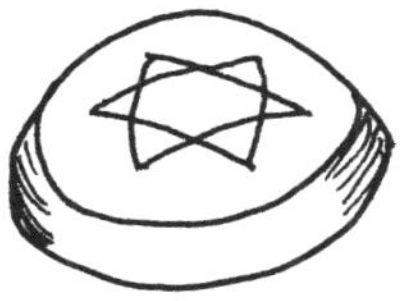
Synagoge		Davidstern	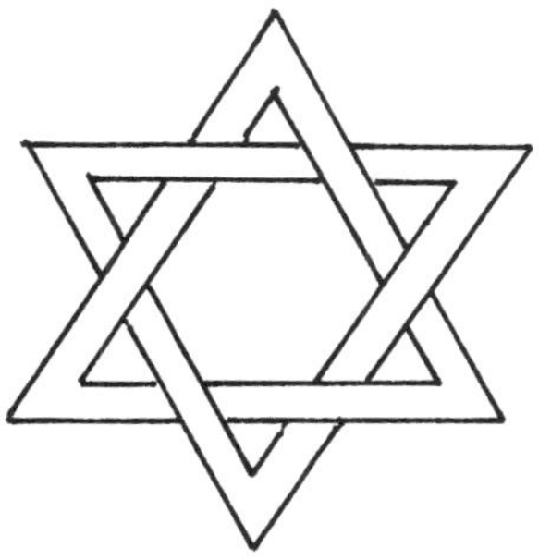
Pessach		Menora-Leuchter	
Sabbat		Mose	
Jahwe	יהוה	Matzen	

Memory®-Spiel 2

Fruchtmus		Tallit (Gebets-schal)	
Jad (Zeigestab)	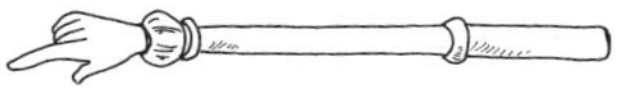	Seder-Teller	
Sabbat-brote		Sabbat-kerzen	
Ewiges Licht		Bitterkraut und grünes Kraut	
Sklaverei in Ägypten		Mesusa	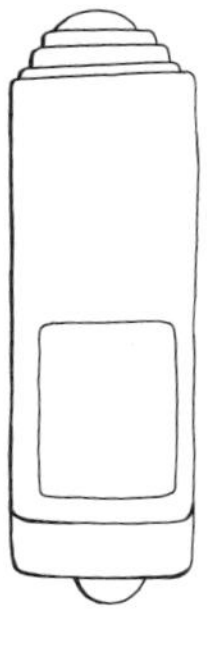

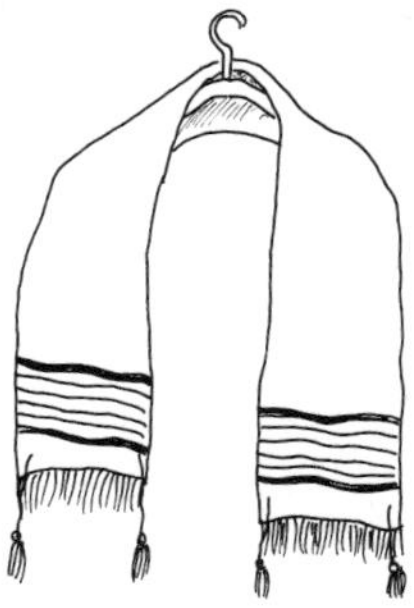

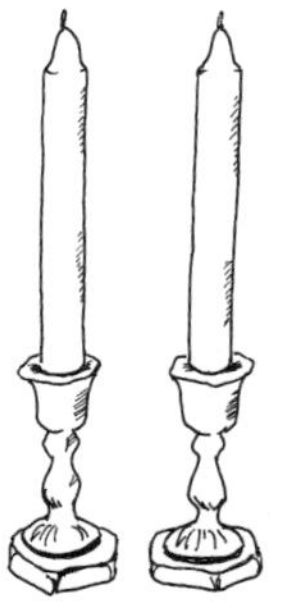

Lernzielkontrolle

Klassenarbeit Religion Nr. ______ Klasse ______ Thema: Judentum
Name: ______________________________

1.a)	*Wie heißt das jüdische ‚Glaubensbekenntnis'? Setze die Wörter aus dem Wörtersalat in der richtigen Reihenfolge zusammen!* Jahwe Gott Jahwe ist Höre einzig Israel unser ______________________________	/2
b)	*Was bedeutet dieser Satz?*	/2
2.	*Hier haben sich Fehler eingeschlichen. Streiche die falschen Wörter durch. Schreibe dann darüber, wie es richtig heißt:* Der Sonntag ist für die Juden der letzte Tag der Woche. Er ist ein Ruhetag. Die Wohnung wird für diesen Tag gerichtet: Es werden Blumen aufgestellt. Die Familie versammelt sich um den Tisch. Die Mutter segnet den Tag und die Familie. Alle trinken einen Schluck Wein. Am Abend geht die ganze Familie in die Synagoge. Alle haben Zeit füreinander. Die Familie hat an diesem Tag keine Gäste eingeladen.	/5
3.	Beschrifte das folgende Bild: ______________________ ______________________ ______________________ ______________________ ______________________ ______________________	/3

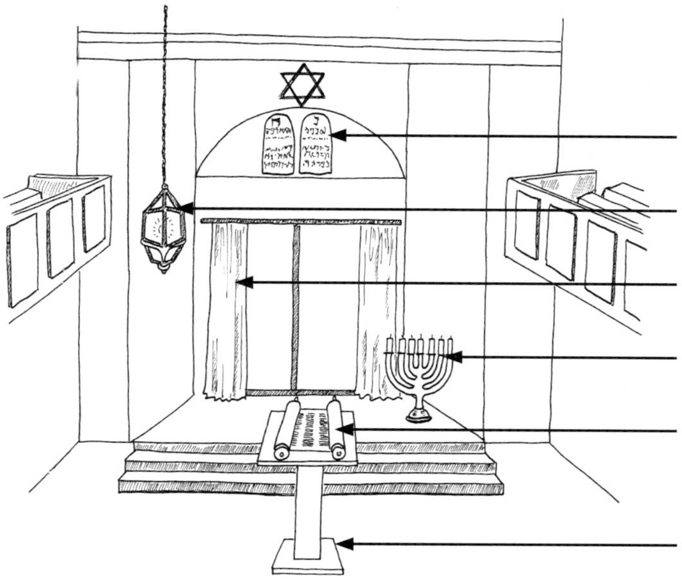

4.	*Was ist was? Verbinde mit Linien!* Sabbat — Ruhetag der Woche Sederabend — Beginn des Pessachfestes Synagoge — Kopfbedeckung für Männer Thora — Leiter der Gemeinde Rabbi/Rabbiner — ungesäuertes Brot Schalom — jüdisches Gotteshaus Matzen — Jüdische ‚Bibel' Kippa — hebräischer Friedensgruß	/4
5.a)	*In welcher Sprache ist die Thora geschrieben?* ____________________	/1
b)	*Nenne zwei der ersten 5 Bücher der Bibel.* __________ __________	/2
c)	*Auf welchem Material wurden früher die Texte der Thora geschrieben?* *Nenne zwei Möglichkeiten.* __________ __________	/2
d)	*Wie wird die Thora noch genannt?* ____________________	/1
6.a)	*An welche wichtige Erfahrung des Volkes Israel erinnern sich die Juden beim Pessach-Fest?* ____________________	/1

7.a)	*Um welches Fest handelt es sich hier?* ______________________________	/1
b)	Benenne die Speisen auf dem Tisch richtig und notiere bei 4 Speisen die Bedeutung dazu. 	/6
8.	Nenne 2 dir bekannte Personen aus dem älteren Teil der Bibel. ______________________________ ______________________________	/2

Erreichte Punktzahl von 32 P:

Note:

Medientipps rund ums Judentum

- Bastelbogen: Möckmühler Arbeitsbogen Nr. 50 zum Aufbauen und Zusammenkleben. Möckmühler Arbeitsbogen, Möckmühl 1983
- Film: Willi will's wissen: Was glaubt man, wenn man jüdisch ist? Bayrischer Rundfunk
- Film: SWR Schulfernsehen multimedial. Religionen der Welt – Judentum. DVD Mediennummer: SWR 4682677, Landesmedienzentrale BWB, Baden-Baden
- Film: FWU – Institut für Film und Bild. David und die Synagoge. VHS 4202112, Grünwald
- Folienmappe: Rel.-Pädagogisches Seminar, Regensburg (Herausgeber): Das Judentum, 52 Folien mit Textheft
- Lied: Ihr Völker lobt und preist den Herrn. In: Frisch, Hermann-Josef: Lebenswege 3 – Lehrerkommentar. Düsseldorf 2001, S. 175
- Tanz: Od Yishama. In: Glück, Thomas u. a.: Tanzen mit Leib und Seele, Religionspädagogisches Zentrum Heilsbronn, Heilsbronn 2003, S. 26 f.
- Gerstenberg (Panzacchi, Cornelia): Judentum: Geschichte, Lehre und Kultur, Hildesheim 2006
- Halter, Marek: Alles beginnt mit Abraham: Das Judentum, mit einfachen Worten erzählt (broschiert), München 2006
- Laube, Sigrid/Zünd, Monika: Erklär mir deinen Glauben: Die fünf Weltreligionen, Wien 2005
- Mai, Manfred: Rund um die Weltreligionen: 66 Fragen und Antworten, Freiburg 2008
- Meyer, Karlo/Janocha, Barbara: Wie ist das mit ... den Religionen, Stuttgart 2007
- Schulz-Reiss, Christine/Küstenmacher, Werner Tiki: Was glaubt die Welt?, Bindlach 2004
- Sullivan, Lawrence E.: Die Weltreligionen, Judentum, Tyrolia 2004
- Was ist was?, Band 105, Weltreligionen, Nürnberg 2002
- Staszewski, Noemi: Mona und der alte Mann, Düsseldorf 1997
- Bar-Chen, Eli/Specht, Heike/Wiedemann, Bernd: Warum Schabbat schon am Freitag beginnt. Die Kinder-Uni reist in die Welt des Judentums. München 2007 (auch als Audio-CD erhältlich)

Internetseiten:

- www.hagalil.com/kinder/kidz/index.html
- www.doronia.de

Glossar

Abraham war laut Bibel der Erste, der nicht an viele Götter, sondern nur an einen glaubte. Muslime, Christen und Juden verehren Abraham als Stammvater. Der arabische Name von Abraham ist Ibrahim.

Bar Mizwa heißt „Sohn der Pflicht". Mit dreizehn Jahren übernimmt ein Junge alle religiösen Pflichten und Rechte eines erwachsenen Mannes. Am ersten Sabbat nach seinem Geburtstag liest er in der Synagoge zum ersten Mal auf Hebräisch aus der Thora vor. Dieses Ereignis wird mit einem großen Fest gefeiert.

Bat Mizwa heißt „Tochter der Pflicht". Ein jüdisches Mädchen übernimmt mit zwölf Jahren alle religiösen Rechte und Pflichten einer Frau. Nur in manchen Gemeinden wird die Bat Mizwa genauso gefeiert wie Bar Mizwa beim Jungen.

Bibel: Das Wort kommt aus dem Griechischen und bedeutet „Buch". Die Bibel ist die heilige Schrift der Christen. Sie beginnt mit der Entstehung der Welt, erzählt von Abraham, von den Propheten und von Jesus. Die ältesten Teile der Bibel sind die Heiligen Schriften der Juden, die hebräische Bibel. Ein Teil der Hebräischen Bibel ist die Thora, die wichtigste Heilige Schrift der Juden. Auch der Islam bezieht sich auf die Bibel und erkennt ihre Propheten an.

Chanukka ist der Name des jüdischen Lichterfestes. Es erinnert an ein Wunder, das sich 165 vor Christus ereignet haben soll: Als die Juden Jerusalem von Besatzern zurückerobert hatten, gab es nicht genug koscheres Öl, um die Öl-Lampen im Tempel anzuzünden. Ein wenig Öl fanden sie allerdings, und dieses bisschen Öl brannte wunderbarerweise acht Tage lang, bis die Gläubigen wieder koscheres Öl hergestellt hatten. Während der acht Tage des Chanukka-Festes wird jeden Tag eine Kerze mehr am achtarmigen Chanukka-Leuchter angezündet.

Christen: Christus ist das griechische Wort für „der Gesalbte", es bedeutet dasselbe wie das hebräische „Messias". „Jesus Christus" bedeutet also: „Jesus der Gesalbte", „Jesus der König.

Der **Davidstern** ist ein Symbol für das Judentum seit dem 19. Jahrhundert. Er wird gebildet aus zwei ineinander geschobenen Dreiecken.

Ewiges Licht: Das Ewige Licht ist in der Synagoge und in der katholischen Kirche ein Licht, das immer brennt. Es erinnert die Menschen daran, dass Gott immer bei ihnen ist.

Israel ist der Name des 1948 gegründeten Staates, in dem heute fast fünf Millionen Juden leben. Hauptstadt ist Jerusalem. In der Bibel bezeichnete sich das jüdische Volk als „Israeliten".

Jad oder Zeigestab: Die Jad ist ein Stab mit einer kleinen Hand am vorderen Ende, mit dem man beim Lesen in der Thora auf die Textzeilen zeigt. So werden die Schriftrollen nicht mit den Händen berührt, verschmutzt oder beschädigt.

Jahwe nennen vor allem Christen den Gott des Alten Testaments. Fromme Juden sprechen den Namen aus Ehrfurcht vor Gott nicht aus.

Jerusalem ist heute die Hauptstadt des Staates Israel. Schon um 1000 vor Christus war es die Hauptstadt des Landes der Juden. Die Stadt wurde immer wieder von Feinden erobert und zerstört. Hier stand der Tempel des Königs Salomon (siehe Klagemauer). Jerusalem ist für Juden, Christen und Muslime eine Heilige Stadt.

Jesus von Nazareth ist für Christen der Sohn Gottes, der Mensch geworden ist. Er predigte von der Liebe Gottes zu den Menschen. Er wurde als Aufrührer hingerichtet, stand aber nach dem Glauben der Christen von den Toten auf. Er ist Teil der Dreifaltigkeit: Vater, Sohn und Heiliger Geist.

Jom Kippur ist der höchste jüdische Feiertag, das Versöhnungsfest, an dem Gott alle Sünden vergibt.

Kippa oder Jarmulke: Die Kippa ist eine kleine, runde Kopfbedeckung. Viele jüdische Männer tragen sie beim Gebet und in der Synagoge, manche auch in ihrem Alltag.

Kirche heißt zum einen das Haus, in dem christliche Gottesdienste stattfinden. Zum anderen bezeichnet „Kirche" die Glaubensgemeinschaft, in der Christen Mitglieder sind, zum Beispiel „evangelische Kirche". Auch die Gemeinschaft aller Christen auf der Welt, egal welcher Glaubensrichtung, kann der Begriff „Kirche" bezeichnen.

Die **Klagemauer** ist eine erhalten gebliebene Stützmauer des zerstörten Tempels in Jerusalem. Seit dem Mittelalter kommen Juden dorthin zum Gebet. Der Name kommt daher, dass dort viel über die Zerstörung des herrlichen Tempels geklagt wird.

Koscher bedeutet „rein, tauglich" für den Gebrauch. Das können Nahrungsmittel, Stoffe oder andere Produkte sein. Es bezieht sich aber im Alltag vor allem auf koscheres Essen. Das heißt, die Nahrungsmittel müssen nach bestimmten Vorschriften bearbeitet sein und manches – wie zum Beispiel Schweinefleisch – ist ganz verboten.

Die **Menora** ist ein Leuchter mit sieben Armen. Sie ist ein wichtiges Symbol für das Judentum.

Messias heißt „Gesalbter", das bedeutet, er ist ein König, denn Könige wurden mit kostbaren Ölen gesalbt. Die Juden erwarten den Messias als Herrscher eines Reiches von Frieden und Gerechtigkeit auf Erden, wenn die Geschichte der Welt zu Ende geht. Die Christen glauben, dass Jesus der Messias ist.

Mose ist der Prophet, der das jüdische Volk aus Ägypten herausführte. Er empfing von Gott die Zehn Gebote.

Ostern: Christen feiern an Ostern die Auferstehung Jesu.

Palästina heißt das Gebiet am östlichen Mittelmeer zwischen dem Libanon im Norden und der Sinai-Halbinsel im Süden schon lange. Dort lag das alte Königreich der Juden, Judäa. In der Bibel wird Palästina auch Kanaan genannt.

Pessach ist für Juden ein wichtiges Fest. Sie erinnern sich dann an den Auszug aus Ägypten, also die Befreiung ihrer Vorfahren aus der Sklaverei.

Purim ist ein fröhliches Fest, an dem sich die Kinder verkleiden. Wenn in der Synagoge bei der Lesung aus der Thora der Name Hamans erwähnt wird, dürfen sie sogar mit Rasseln Krach schlagen. Dieses Fest erinnert daran, wie die Jüdin Esther die persischen Juden vor den Vernichtungsplänen ihres mächtigen Feindes Haman rettete. Esther berichtete dem König von Hamans Plänen und erhielt seine Hilfe.

Der **Rabbiner** ist der Lehrer und Prediger einer jüdischen Gemeinde und wird auch in Streitfällen zu Rate gezogen. Auch eine Frau kann diese Aufgaben übernehmen, sie heißt dann Rabbinerin.

Sabbat – auch Schabbat oder Schabbes – bedeutet Ruhepause. Der Sabbat, der Samstag, ist der jüdische Wochenfeiertag, für die Juden der siebte Tag der Woche. Er dauert vom Sonnenuntergang am Freitag bis zum Sonnenuntergang am Samstag. Am Sabbat sollen fromme Juden keine Arbeit verrichten, weil Gott am siebten Tag der Erschaffung der Welt ruhte.

Schalom ist eine hebräische Begrüßung und bedeutet "Frieden".

Synagoge heißt der Versammlungsort der jüdischen Gemeinde. In der Synagoge finden religiöser Unterricht und Gottesdienst statt.

Der **Tallit** oder Gebetsschal ist ein viereckiges Tuch. Die Farbe ist meistens weiß oder cremefarben mit schwarzen oder blauen Streifen. Erwachsene Juden tragen den Tallit zum Gebet.

Der **Talmud** ist eine Sammlung von Schriften, mit denen die Thora erklärt wird.

Mit der **Taufe** wird ein Mensch in die christliche Gemeinschaft aufgenommen. Meist lassen Eltern ihr Kind schon als Baby taufen.

Dabei wird in vielen christlichen Gemeinschaften vom Priester ein wenig Wasser über den Kopf des Kindes gegossen und es bekommt seinen Namen.

Tefillin oder Gebetsriemen sind Kapseln mit Lederriemen. Die Kapseln enthalten Schriftrollen mit Bibelversen.

Die **Thora** ist die wichtigste Heilige Schrift der Juden. Sie erzählt von der Erschaffung der Welt, Noah und der Sintflut, Abraham und Moses. Es wird von den Wanderungen und Kriegen des „Auserwählten Volkes“, der Nachkommen Abrahams erzählt. Die Thora ist Teil der Hebräischen Bibel, die die Christen „Altes Testament“ nennen.

Zehn Gebote heißen die Regeln, die Moses auf dem Berg Sinai von Gott erhielt. Sie schreiben unter anderem vor, nur einen Gott anzubeten, die Eltern zu ehren, nicht zu morden, nicht zu stehlen, nicht zu lügen. Die Zehn Gebote gelten für Juden, Christen und Muslime.